죽기 전에 꼭 가봐야 할 곳

아프리카

죽기 전에 꼭 가봐야 할 곳, 아프리카

발행일   2019년 11월 29일

지은이   김국진
펴낸이   손형국
펴낸곳   (주)북랩
편집인   선일영   **편집**   오경진, 강대건, 최예은, 최승헌, 김경무
디자인   이현수, 김민하, 한수희, 김윤주, 허지혜   **제작**   박기성, 황동현, 구성우, 장홍석
마케팅   김회란, 박진관, 조하라, 장은별
출판등록   2004. 12. 1(제2012-000051호)
주소   서울시 금천구 가산디지털 1로 168, 우림라이온스밸리 B동 B113, 114호
홈페이지   www.book.co.kr
전화번호   (02)2026-5777   **팩스**   (02)2026-5747

ISBN   979-11-6299-967-7 03930 (종이책)   979-11-6299-968-4 05930 (전자책)

이 도서의 국립중앙도서관 출판예정도서목록(CIP)은 서지정보유통지원시스템 홈페이지(http://seoji.nl.go.kr)와
국가자료공동목록시스템(http://www.nl.go.kr/kolisnet)에서 이용하실 수 있습니다.
(CIP제어번호: CIP2019048279)

(주)북랩 성공출판의 파트너

북랩 홈페이지와 패밀리 사이트에서 다양한 출판 솔루션을 만나 보세요!

홈페이지 book.co.kr   •   **블로그** blog.naver.com/essaybook   •   **출판문의** book@book.co.kr

카메라 둘러메고 홀로 떠나는 아프리카 종단 여행

죽기 전에 꼭 가봐야 할 곳
아프리카

김국진 지음

케냐　　탄자니아　　잠비아　　짐바브웨　　보츠와나　　나미비아　　남아프리카 공화국

북랩 book Lab

아프리카는 거대한 대륙이다. 한반도 면적의 150배이며 미국, 중국, 유럽, 인도, 아르헨티나를 합친 면적보다 크다.

아프리카 하면 우선 떠오르는 것은 더위, 에이즈, 말라리아, 내전, 기근 등으로 부정적인 이미지가 강하다. 나도 여행을 떠나기 전까지 TV나 신문 등 언론매체에서 보도하는 정보로만 아프리카를 접했다.

세계 여러 나라를 다녔지만, 미지의 대륙 아프리카는 항상 내 마음속에 있었다. 언젠가는 꼭 아프리카 대륙을 밟아서 대자연과 그 속에서 살고 있는 수많은 동물과 빅토리아 폭포의 위용을 보고 싶었다.

사막의 나라 나미비아에 가서 듄45 모래언덕에 올라 일출을 보고, 죽음의 호수 데드블레이에서 작품사진을 찍고 싶었다. 아프리카 사람은 어떻게 살고 있으며 왜 지금까지 가난에서 벗어나지 못하고 있는지 확인하고 싶었다.

아프리카는 워낙 넓어서 최소한 1개월 이상은 머물러야 그 맛을 조금이라도 볼 것 같았다. 그것도 빙산의 일각이겠지만, 직장 생활을 하면서 한 달이라는 시간은 좀처럼 나지 않았다. 은퇴하고 가야 하지만, 늘 한 살이라도 젊을 때 가고 싶었다. 그러던 중 마침내 기회가 왔다. 회사에서 프로젝트 하나를 끝내고 다음 프로젝트를 준비하는 사이, 대기 시간이 길어졌다. 지금이 절호의 기회라고 판단하고 가기로 했다. 일단 마음이 정해지자 단 하루라도 빨리 가고 싶었다.

<blockquote>
나무를 심어야 할 시기는 20년 전이었다

그러나 두 번째 중요한 시기는 바로 지금이다.

- 아프리카 속담 -
</blockquote>

당시가 7월이었는데, 아프리카는 7, 8월이 건기이고 겨울이어서 여행하기에는 최적의 시기였다. 나는 나 홀로 배낭을 메고 가기에는 무리라고 생각하고 아프리카 전문 여행사를 알아보았다. 마침 모 여행사에서 세미 패키지 27일 상품을 모객하고 있었다.

세미 패키지란 여행사에서 길잡이가 전 일정을 인솔하면서 숙소와 이동만 책임지고 현지에 도착하면 각자 알아서 식사와 현지 투어를 하는 방식이다. 여행객은 숙소와 이동에 대한 스트레스를 받지 않고 자유여행의 맛을 느낄 수 있는 장점이 있다.

여행사와 계약을 하고 사전에 아프리카에 대한 정보를 알고 가기 위하여 서점에 가서 여행 서적을 찾아보았으나 아프리카 관련 책은 3~4종류밖에 없었고 내용도 불충분하였다.

도서관에 가서 아프리카에 관련된 서적을 읽으면서 아프리카인이 얼마나 고통을 받고 살아왔는지 세계열강이 어떻게 아프리카를 유린해 왔는지 조금이나마 이해를 하게 되었다.

아프리카는 인류의 요람이라 할 수 있다. 현대 인류의 조상인 호모 사피엔스가 탄생한 곳이며, 약 10만 년 전에 아프리카를 떠나 다른 곳으로 퍼져 나갔다는 이론이 정설처럼 전해진다. 이들은 시나이반도를 거쳐 동부 지중해 지역에 도착했고, 4만 년 전에는 아시아와 오세아니아에 도달했으며, 3만 년 전에는 유럽에 도달했다.

또 아프리카는 질곡의 역사를 가지고 있다. 노예무역의 원초 기지가 되어 수천만 명의 아프리카인이 아랍, 유럽, 브라질 등으로 팔려나갔다. 서방 국가는 성서를 임의로 해석하여 아프리카인을 저주받은 민족, 미개한 민족으로 간주하여 노예제도를 합리화했다.

16세기 초 포르투갈인은 대포와 총으로 무장하고 동부 아프리카의 거점 도시를 점령하기 시작했다. 1870년까지 유럽의 아프리카 분할이 상당히 진전되었고, 1884년 베를린 회의에서 유럽 열강은 아프리카 분할을 공식적으로 인정했다. 이로써 아프리카 쟁탈전은 가속화되었다. 발빠르게 움직인 영국이 우선적으로 많은 영토를 차지했고 프랑스는 서부 아프리카에서 잇달아 식민지를 개척했다. 이들에 이어 독일, 벨기에, 포르투갈, 이탈리아 및 스페인이 쟁탈전에 끼어들었다.

백인이 왔을 때 그들은 성서를 갖고 있었고 우리는 땅을 갖고 있었다.
그런데 지금은 우리가 성서를 갖고 그들이 땅을 가졌다.
- 아프리카 속담 -

2차 세계대전을 끝으로 1960년부터 1970년 사이에 대부분의 아프리카 국가가 독립을 하였다. 독립 후 아프리카는 정치 지도자의 부정부패와 내전으로 수백만 명이 죽고 경제는 파탄이 나서 깊은 수렁에 빠져들었다.

이런 역사를 가진 아프리카도 최근 희망의 조짐이 보이기 시작한다. 꾸준한 인구의 증가와 더불어 높은 경제 성장률이 수년째 이어지고 내전도 줄어들었으며 무엇보다 악명 높은 독재자가 사라지고 있다. 거리에는 휴대폰을 가지고 다니는 사람이 많고 사회기반시설인 도로 공사도 활발히 진행하고 있다.

아프리카는 우리 모두가 지키고 함께 살아가야 할 소중한 자원이고 인류의 유산이다. 무조건 원조만 해주는 것이 능사가 아니라는 점은 과거 수십 년 동안 깨달은 교훈이다.

고기를 주는 것보다 고기 잡는 법을 가르쳐서 스스로 자립할 수 있는 토양을 마련하는 것이 중요하다. 우리는 함께 잘 살아야 하며 그 누구도 아프리카인보다 우월하지 않다.

빨리 가려면 혼자 가고
멀리 가려면 함께 가라.
- 아프리카 속담 -

지난 세기 동안 아프리카인이 겪은 고난과 핍박의 역사를 뒤로하고 미래에는 우리 함께 멀리 가기를 기대해 본다.

이 책이 나오기까지 물심양면으로 지원을 아끼지 않은 아내에게 무한한 사랑과 고마운 마음을 전하고 싶고 세심한 교정과 아름다운 디자인 작업을 해준 출판사 편집부 직원들에게 감사한다.

2019. 10.
김국진

C O N T E N T S

PART 2. 탄자니아

PART 3. 잠비아

PART 7. 남아프리카 공화국

아프리카 7개국 여행 경로

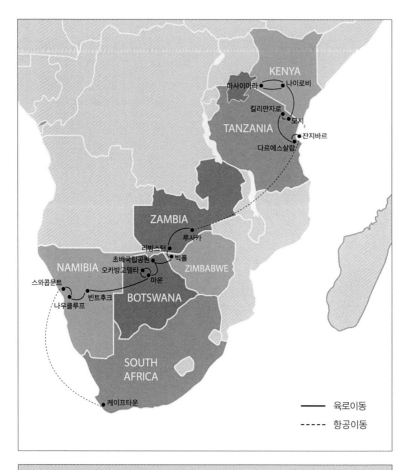

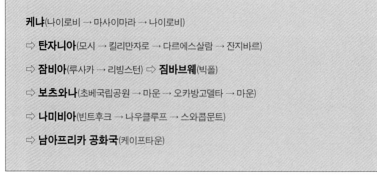

케냐(나이로비 → 마사이마라 → 나이로비)

⇨ **탄자니아**(모시 → 킬리만자로 → 다르에스살람 → 잔지바르)

⇨ **잠비아**(루사카 → 리빙스턴) ⇨ **짐바브웨**(빅폴)

⇨ **보츠와나**(초베국립공원 → 마운 → 오카방고델타 → 마운)

⇨ **나미비아**(빈트후크 → 나우클루프 → 스와콥문트)

⇨ **남아프리카 공화국**(케이프타운)

PART 1

케냐

케냐

국명: 케냐공화국(Republic of Kenya)

수도: 나이로비(Nairobi)

인구: 5,140만 명('19)

면적: 58만㎢ (한반도의 2.7배)

민족: Kikuyu(22%), Luhya(14%), Luo(13%), Kalenjin(12%), Kamba(11%), Kisii(6%), Meru(6%) 등 약 42개 부족

종교: 기독교(80%), 이슬람(10%), 기타(10%)

언어: 스와힐리어(통용어), 영어(공용어)

기후: 고원지방 및 서부는 강우 풍부, 북부는 건조, 2~3월 기온 최고, 7~8월 기온 최저

독립: 1963.12.12.(영국으로부터 독립)

출처: 외교부(2019.10.28.)

케냐 나이로비

드디어 아프리카에 입성

인천 공항을 출발한 에티오피아 항공 비행기는 인천 공항에서 오
전 1시경에 출발하여 12시간 40분을 날아서 경유지인 에티오피아
수도 아디스아바바 공항에 도착했다. 아디스아바바 공항에서 3시간
을 대기한 후 환승하여 목적지인 케냐 나이로비 공항까지 2시간 동
안 비행 후 현지 시간으로 오후 1시 반경에 도착했다. 환승 대기 시
간을 포함하여 약 18시간이 걸린 셈이다. 나이로비는 우리나라보다
6시간이 느리다.

우리 일행은 부부 5팀과 나 홀로 2명 그리고 인솔자 1명을 포함하
여 총 13명으로 구성되었다. 연령은 30대에서 60대까지 있었으나 주
로 50~60대가 많았다. 우리는 서로 인사를 나누고 첫 목적지인 나

이로비 숙소에 도착하여 장시간 비행으로 인한 피로를 풀었다. 숙소는 조그만 호텔인데 입구에서부터 엑스레이(X-Ray)로 짐 검사를 하였다.

나이로비 시내는 많은 고층 건물과 자동차 그리고 수많은 사람이 활기차게 움직이고 있었다. 나이로비는 치안이 좋지 못하므로 야간에 외출은 삼가는 것이 좋다고 우리 인솔자가 이야기하였다. 그러나 저녁도 먹고 시내 구경도 하고 싶어서 호텔 밖으로 나갔다. 구글 지도를 보고 인솔자가 추천해준 숙소 근처 식당으로 찾아가서 간단히 식사를 하고 밖으로 나오자 주변이 어두워졌고 거리를 걸어 다니는 사람들은 걸음이 매우 빠르고 민첩했다. 케냐의 평균연령이 19.7세이고 케냐 인구의 거의 4분의 3이 30세 미만이라고 하니 거리에 활기가 느껴졌다. 점점 고령화돼가는 우리나라와 비교되는 부분이다. 시내를 돌아다니다가 길을 잃을 것도 같고 치안이 불안하다는 인솔자의 말이 생각나서 숙소로 돌아와 휴식을 취했다.

▼ 숙소에서 바라본 나이로비 시내

케냐 마사이마라

동물의 왕국, 마사이마라 국립공원*

다음 날 아침 우리 일행은 사파리 투어를 하기 위해 승합차를 타고 마사이마라 국립공원으로 출발했다. 한 시간 반쯤 달리다가 그레이트 리프트 밸리 전망대에서 잠시 쉬었다.

그레이트 리프트 밸리(Great Rift Valley)는 약 2,500만 년 전에 있었던 맹렬한 지각 활동으로 형성되어 이스라엘의 요단강에서 시작

---

*   마사이마라 국립 야생동물 보호구역(Masai Mara National Reserve)은 탄자니아의세렝게티 국립공원과 붙어 있으며 하나의 공원이나 마찬가지이다. 국경이 지나갈뿐 동물에게는 국경이 없다. 세렝게티 국립공원의 면적은 마시이마라 국립공원보다 훨씬 크고 두 공원을 합친 전체 면적은 우리나라 전라도에 충청남도를 절반 정도 포함한 면적이다. 매년 초지를 찾아 수백만 마리의 누와 얼룩말, 영양 등이 마라-세렝게티 생태계를 시계방향으로 돌며 이동하는 대이동이 장관이다.

▲ 전망대에서 바라본 그레이트 리프트 밸리 전경

하여 홍해를 거쳐 에티오피아, 탄자니아, 말라위, 짐바브웨, 모잠비크까지 이어지는 폭 30~60㎞, 총길이 9,600㎞에 이르는 거대한 지구대*이다.

---

* 지구대란 지각이 단층운동에 의하여 단층 사이에 함몰된 낮은 지대가 길게 연속적으로 나타나는 지형을 말하며 일반적으로 평탄하며 대규모의 것이 많다. 대표적인 지구대로는 동아프리카 지구대와 사해 지구대가 있다.

그레이트 리프트 밸리를 중심으로 많은 동식물이 살고 있는 사바나 초원지대가 펼쳐지는데 최근의 고고학적 연구에 의하면 이 일대에서 최초의 원시인류가 탄생 하였으며 인류의 기원이 이곳에서 비롯되었다는 유력한 이론이 제기되고 있다고 한다.

산악도로를 타고 올라가다가 가장 높은 곳에 있는 그레이트 리프트 밸리 전망대에는 각종 동물의 가죽과 기념품을 판매하는 가게가 있었고 앞에는 시야가 탁 트이는 광활한 산림지대가 펼쳐져 있었다. 나는 기념품 가게 앞에서 사진을 찍고 있었는데 현지인으로 보이는 젊은 남자가 다가오더니 가게 안에 있는 여자가 자기 와이프라고 하면서 약간 자랑하는 듯한 표정을 지어 보였다. 나는 아프리카에 와서 처음으로 현지 여성을 카메라에 담고 싶어서 사진을 찍어도 되냐고 물었더니 당연하다는 듯이 오케이를 하였다.

그레이트 리프트 밸리 전망대에서 광활한 아프리카 대지를 감상하고 다시 길을 떠났다. 중간에 케냐의 관광도시 나록(NAROK)에 도착하여 허름한 건물의 식당으로 가서 현지식으로 점심을 먹었는데 맛은 별로 없었다.

식사 후 다시 출발하여 오후 3시경에 오늘의 목적지인 마사이마라 국립공원 캠핑장에 도착하였다. 여기까지 오는 길은 험난했다. 7시간 정도 걸려서 도착했는데 마지막 2시간은 비포장길로 흙먼지 속을 뚫고 갔다. 길인지 수로인지 알 수 없을 정도로 빗물에 의하여 심

▲ 그레이트 리프트 밸리 전망대에 있는 기념품 가게와 여주인

하게 파여 있었고 우리 차량은 요리조리 수로를 피하면서 곡예운전
을 했다. 중간에 마을 부족 사람이 긴 막대기로 차단기를 설치해 놓
고 세 번이나 통행료를 받았다.

▲ 마사이마라 국립공원 입구

◀ 마사이마라 국립공원 입구
에서 기념품을 팔고 있는
마사이족 여인

죽기 전에 꼭 가봐야 할 곳, 아프리카

오후 3시쯤 숙소에 도착해서 보니 숙소는 롯지 형태로 2인 1실의 집이 우리나라 방갈로처럼 여러 군데에 분산되어 있었다. 방을 배정받아 짐을 풀고 나서 곧바로 사파리 게임 드라이브*를 시작했다. 사파리 차량은 4륜 지프 차량을 지붕이 열릴 수 있도록 개조한 차량으로 3~4명이 탑승하였다. 여기에 있는 차량은 대부분이 오래된 일본 도요타 차량이었다.

국립공원 입구에는 온갖 장식품으로 치장한 마사이족 여인이 기념품을 팔고 있었다. 나는 망원렌즈(80~400mm)와 카메라를 준비하고 사파리 차량에 올랐다. 우리 일행은 차량 세 대에 나눠 타고 국립공원 매표소를 지나 국립공원 안으로 들어갔다.

공원 안으로 조금 들어가자 얼룩말이 보였다. 현존하는 얼룩말 3종은 모두 아프리카 대륙에 서식한다. 가장 눈에 띄는 특징인 흑백 줄무늬는 마치 페인트로 칠해 놓은 것처럼 인상적이었다. 조금 더 달리자 일런드영양 무리가 나타났다. 기린이 이쑤시개처럼 날카로운 가시가 달린 아카시아 잎을 뜯어먹고 있었다.

---

* 사파리(Safari)는 사냥과 탐험을 하는 여행이란 뜻이고 게임 드라이브(Game Drive)란 동물을 찾아다니면서 구경하는 것을 뜻한다.

죽기 전에 꼭 가봐야 할 곳, 아프리카

◀▼ 얼룩말 무리

▲ 일런드영양 무리

◀ 나뭇잎을 뜯어먹고 있는 기린

▶▲ 기린과 코끼리가 한가롭게
　　 거닐고 있다.

▶▼ 수많은 동물

▲ 이동 중인 코끼리 가족

◀ 코끼리 가족

▼ 강인한 인상을 주는 버펄로

사파리 차량은 끝도 없이 펼쳐진 광활한 초원을 흙먼지를 날리며 달렸다. 길은 특별하게 조성된 도로가 없고 차가 갈 수 있는 곳이 길이 됐다. 이정표도 없고 아무런 표지판도 없다. 이렇게 넓고 평평한 초원지대가 우리나라에도 있었으면 얼마나 좋을까 하는 부러운 마음이 들었다. 잠시 후에 코끼리 떼가 나타났다. 코끼리 주위에서 잠시 멈춰서 열심히 촬영을 하고 다시 출발하자 버펄로 한 마리가 나타났다.

날이 어두워지자 우리가 탄 차량은 방향을 돌려 숙소로 돌아갔다. 숙소에 도착하자 대평원 너머로 붉은 태양이 지고 있었다. 아프리카 대지 위에서 보는 첫 석양이었다. 일행이 숙소로 들어가는 동안 나는 카메라를 꺼내 자동차 출입문에 고정시키고 일몰을 촬영하였다.

마사이마라 사파리 투어는 2박 3일 일정으로 현지 여행업체에서 진행하는 상품이다. 수많은 여행 업체가 있으며 숙소와 음식의 질에 따라 가격이 천차만별이다. 인접해 있는 탄자니아의 세렝게티 국립공원은 워낙 유명하고 넓은 지역이어서 가격이 비싼 반면에 마사이마라 국립공원은 상대적으로 저렴한 편이다. 세렝게티에 있는 동물 백화점이라고도 불리는 세계 최대 분화구인 응고롱고로 분화구를 보고 싶었는데 이번에는 일정상 보지 못할 것 같아서 매우 아쉬웠다.

▶ 마사이마라 국립공원 뒤로
지고 있는 태양

식당으로 가서 저녁을 먹었다. 메뉴는 뷔페식으로 감자튀김, 소고기 등 현지 음식이 나왔다. 화려한 식단은 아니고 먹기 힘든 정도는 아니었다.

숙소는 우리나라 방갈로 형태로 각각 수십 미터 간격으로 흩어져 있었다. 방안에는 침대에 모기장이 쳐져 있었다. 아프리카에 모기가 많다는 이야기를 많이 들어서 오기 전에 모기퇴치제와 말라리아 예방약도 사가지고 왔는데 건기여서 그런지 생각보다 모기가 없었다. 말라리아 예방약은 황열병 접종시 처방 받아서 가져 왔는데 부작용이 많다는 이야기를 듣고 모기도 별로 없고 해서 여행을 마칠 때까지 먹지 않았다.

밤이 되자 기온이 내려가서 우리나라 가을밤 날씨 정도로 쌀쌀해졌다. 전기는 들어오지 않았으며 발전기를 돌려서 생산하고 있었고 저녁 10시경부터 아침 6시까지는 정전이라고 해서 서둘러 카메라 배터리를 충전하였다. 숙소가 산속에 있어서 혹시라도 야생 동물들이 돌아다니지는 않는지 둘러보았지만 보이지 않았다.

▲▲ 숙소 식당 건물

▲ 숙소 옆에서 기념품을 팔고 있는 마사이족 여인

빅5를 찾아서 게임 드라이브

오늘은 사파리 투어 2일째다.

어제는 오후에 출발해서 3시간 정도밖에는 못 보았는데 오늘은 하루 종일 게임 드라이버를 한다. 그래서 더 깊숙한 곳까지 가보기로 했다. 빅5라고 하는 사자, 표범, 버펄로, 코끼리, 코뿔소를 보는 게 목표이다.

어제 코끼리와 버펄로는 봤기 때문에 오늘은 사자와 표범 그리고 코뿔소를 찾아야 한다. 현지 가이드 겸 사파리 차량 운전기사는 운행 중에 계속 다른 차량 기사와 무전으로 연락을 주고받았다. 빅5를 찾기 위하여 서로 정보를 공유하는 것 같았다.

사자나 표범은 개체 수가 적은 만큼 보기도 어렵다고 한다. 한참을 둘러보고 있는데 우리 가이드에게 다급한 무전 연락이 왔다 사자를 발견했다는 무전이 온 것 같다. 가이드는 차를 급하게 돌려서 달리기 시작했다. 먼 곳에 차량이 몰려 있었다. 가까이 가보니 그늘 밑에서 쉬고 있는 사자 무리가 있었다. 그중 한 마리는 다리를 절룩거리며 걸어가고 있었고 사냥하다가 큰 부상을 입은 듯했다. 사냥을 못 해서 몸은 비쩍 말라있고 오래 살지는 못할 것 같았다.

▲▲ 사파리 게임 드라이브를 하고 있는 일행

▲ 그늘 밑에서 쉬고 있는 사자 무리

▲ 마사이마라 국립공원의 암사자

죽기 전에 꼭 가봐야 할 곳, 아프리카

사자 옆에는 사자보다 더 많은 사파리 차량들이 사자 주위에 몰려 있었다. 사자는 몰려드는 차량과 사진 촬영하는 사람이 귀찮다는 듯 쳐다보지도 않고 자리를 슬슬 피해 갔다. 좀 쉬고 있으면 옆에 와서 시끄럽게 하니 짜증이 날 만도 하다.

사파리 차량은 다시 드넓은 초원을 달리기 시작했다. 주위에는 얼룩말, 버펄로, 영양 등 온갖 동물이 풀을 뜯어 먹고 있었지만 우리의 목표는 오직 빅5를 보는 것이었다.

한참을 달려서 간 곳은 조그만 강 옆 언덕이었다. 거기에는 다른 차량 5~6대가 먼저 와서 기다리고 있었다. 대규모 누 떼가 강을 건너는 모습을 보기 위해서다.

TV에서 본 동물의 왕국이 생각났다. 수많은 누 떼가 흙먼지를 날리며 강물에 뛰어들고 강을 건너면 건너편에서 대기하고 있던 무시무시한 악어가 누 떼를 잡아먹는 장면이다.

그러나 여기는 건기여서 물이 거의 없다. 따라서 악어도 있을 리가 없다. TV에서 보던 드라마틱한 장면은 기대할 수 없는 상황이었다. 강 건너편에는 셀 수 없는 수많은 누 떼가 미동도 않고 서 있었다. 한참을 기다려도 강 건너편 언덕에 있는 누 떼는 움직이지 않고 서 있었다. 우리 차량과 다른 차량도 서서 지켜보고 있었다.

▲▲ 강을 건너고 있는 누 떼

▲ 누 떼의 대이동

죽기 전에 꼭 가봐야 할 곳, 아프리카

10여 분 정도가 지나자 누 떼가 드디어 움직이기 시작했다. 언덕 위에 있던 누 한 마리가 강을 건너기 위해서 비탈면을 내려오자 뒤 이어서 차례대로 줄을 서서 강을 건너기 시작했다.

흙먼지를 날리며 강에 뛰어드는 모습을 기대했는데 너무 질서정연 하게 건너고 있었다. 누 떼의 대이동이 시작된 것이다. 드라마틱한 장면은 아니지만 직접 눈앞에서 펼쳐진 대이동을 보니 장관이었다.

이렇게 1,600㎞ 정도를 이동하는데 이들의 대이동이 어떠한 원리 로 이루어지고 있는지, 어떻게 이런 대집단이 결속되고 흩어지는지, 이동 중의 통제는 어떻게 이루어지고 있는지에 대해서는 아직도 의 문이다. 한 가지 확실한 것이 있다면 엄청난 장관이라는 사실이다.

누 떼의 대이동을 보고 나서 우리는 마라강변으로 갔다. 마라강 은 건기이지만 제법 많은 물이 흐르고 있었고 왕관머리새와 흰머리 독수리 그리고 죽은 하마 시체가 강바닥에 있었다.

▲ 강 언덕 위에서 대기하고
있는 누 떼

◀ 아프리카 누

죽기 전에 꼭 가봐야 할 곳, 아프리카

▲▲ 나무에 앉아있는 흰머리독수리

▲ 왕관머리 새

점심 식사를 하기 위해 강둑에 자리를 잡고 현지 여행사에서 준비한 도시락을 먹었다. 샌드위치와 치킨, 바나나가 들어 있었는데 옆에서 식사 줬이던 우리 일행 한 분은 개코원숭이에게 바나나를 빼앗겼다. 이 장소가 다른 여행팀도 식사를 하는 장소여서 원숭이와 도마뱀이 남은 음식물들을 먹기 위해서 주위를 맴돌고 있었다.

강에는 하마가 눈만 내놓고 물속에서 놀고 있었고 독수리도 날아다녔다. 식사 후 하마를 좀 더 자세히 관찰하기 위해 강변으로 내려가려고 했지만 총을 든 국립공원 직원이 위험한 곳이니까 같이 가야 한다면서 돈을 요구했다. 국립공원 직원이 관광객을 상대로 돈을 요구하는 것은 우리나라 같으면 상상할 수도 없지만 여기는 아프리카다. 우리는 내려가는 것을 포기하고 귀환하기로 하고 숙소로 되돌아갔다. 돌아오는 길에 코끼리 무리와 치타, 치타를 보고 경계하는 얼룩말을 보았다.

▲▲▲ 여행객의
음식물을 노리고
있는 개코원숭이

▲▲ 대형 도마뱀도
먹다남은 음식물을
찾고 있다

▶ 마라강의 하마

▲ 이동 중인 코끼리 무리

◀ 휴식 중인 치타

▼ 치타를 보고 경계하고
있는 얼룩말

마사이족*

숙소에 가까이 오자 근처 마을에 사는 마사이족 어린이가 거리에 나와 놀고 있었다. 집은 흙으로 만든 움막 같은 형태이고 애들은 맨발인 애도 있고 운동화를 신은 애들도 있었다.

오후 4시쯤 숙소 근처에 있는 마사이 부족 마을을 방문하였다. 입장료 15달러를 내고 마을 입구에 들어서자 환영식을 한다고 화려한 장식과 망토를 입은 주민이 나와서 간단한 공연을 하였다. 제자리높이뛰기 시범을 보이는데 점프력이 상당하였다. 남자들은 제자리높이뛰기 시범을 보이고 여자들은 서로 어깨동무를 하고 원을 빙빙 돌았다.

공연을 마치고 움막처럼 생긴 집안으로 안내했다. 집은 흙으로 만든 토담으로 외벽에는 소똥을 바른다고 한다.

집 안으로 들어가자 캄캄한 동굴 속으로 들어가는 듯했다. 전기도 없었고 벽에 있는 창문처럼 생긴 조그만 구멍으로 햇살이 들어오고 있었다. '이런 데서 어떻게 살까?' 하는 생각이 들 정도로 열악한 환경이었다.

---

* 탄자니아와 케냐 국경지대에서 소와 양을 키우며 살고 있는 마사이족은 총 인구수 약 35만 명 정도로 추산된다. 케냐에 약 25만 명, 탄자니아에는 약 10만 명이 거주한다고 알려져 있다.

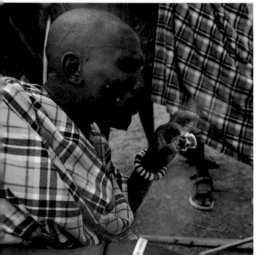

▲▲ 마사이족 어린이

▲ 제자리높이뛰기 시범을 보여주는 마사이족

◀ 전통적인 방법으로 불을 피우고 있는
   마사이족

▲ 마사이족 여인
▼ 마사이 부족 집안 내부

집 안을 구경하고 있는 동안 기념품을 가지고 와서 사라고 졸랐다. 상업화되고 있는 마사이족의 실상을 보는 듯해서 한편으로는 씁쓸한 생각이 들었다.

▲▼ 마을에서 기념품을 팔고 있는 마사이족

동물의 왕국에서 나이로비로

오늘은 마사이마라 사파리 투어 3일째 되는 날이다. 마사이마라 평원에서 일출을 보고 동물이 활발하게 움직인다는 아침 시간에 혹시나 있을지 모르는 사냥 장면을 보기 위해서 오전 6시에 마사이마라 국립공원으로 출발하였다.

대평원에서 떠오르는 일출 장면은 과연 어떤 모습일까? 나는 몹시 궁금하고 설레는 마음으로 차에 올랐다. 공원에 들어가자마자 많은 동물이 나와 있었다. 기린, 얼룩말, 사슴 등이 보였다.

우리 일행이 탄 차량은 일출을 보기 위해서 높은 구릉지로 올라갔다. 언덕에 올라서 아래를 내려다보니 먼 산 너머에서 어둠을 뚫고 여명이 밝아 왔다. 앞에 동물이 많이 있었으면 하는 기대와 달리 먼 곳에 누 몇 마리만 보였다. 기린이라도 한 마리 와 주면 좋을 텐데 하는 아쉬움을 가진 채 태양이 떠오르고 있었다. 대평원의 지평선 위에서 태양이 떠오르고 동물들은 초원 위를 거닐며 풀을 뜯어먹고 있었다.

▲ 일출이 시작되자 멀리서 사파리 차량 한 대가 흙먼지를 날리며 급하게 다가오고 있다.

　일출을 보고 돌아오는 길에 치타 무리를 보았다. 우리 차량은 치타 옆으로 최대한 조심히 다가갔다. 치타는 3마리가 있었고 아침 사냥을 준비하는 듯 몸을 풀고 주위를 어스렁 거리며 먹잇감을 찾고 있었다. 나의 카메라가 진가를 발휘하는 순간이 왔다. 나는 400㎜의 망원렌즈가 장착된 카메라를 들고 치타의 늠름한 얼굴을 근접 촬영했다.

▲ 아침햇살을 받으며
  걸어가고 있는 치타

▶ 언제 봐도 멋지게 생긴 치타
  (망원렌즈로 근접 촬영하였다)

   표범 대신 치타를 보고 우리 일행은 숙소로 돌아와서 아침 식사를 했다. 이로써 2박 3일간의 마사리마라 국립공원 사파리 투어를 마치고 출발했던 나이로비로 되돌아갈 준비를 하였다. 캐리어 등 짐은 출발했던 나이로비 호텔에 보관돼 있다.

죽기 전에 꼭 가봐야 할 곳, 아프리카

마사이마라 국립공원 대평원에 여명이 밝아오고 있다.

되돌아가는 길 역시 험난한 비포장길을 달렸다. 도로 상태가 워낙 안 좋아서 속도를 낼 수가 없었다. 나갈 때도 마을 사람들이 나와서 통행료를 받았다. 이렇게 유명한 관광지 진입로를 전혀 정비를 하지 않고 있는 이유는 무엇인지 이해가 가지 않았다. 적지 않은 입장료 수입은 다 어디에 쓰는 건지 모르겠다.

나이로비로 귀환 후 우리 일행은 케냐 국립 박물관과 『OUT OF AFRICA』의 저자인 카렌 블릭센이 거주했던 저택을 박물관으로 개장한 카렌 블릭센 박물관(Karen Blixen Museum) 중에 하나를 선택해서 관람했다. 나는 국립 박물관을 선택했다. 국립 박물관이니만큼 케냐의 역사, 문화, 지질 등 볼만한 것이 많을 것 같았다.

그러나 일행 대부분은 카렌 블릭센 박물관을 선택하고 국립박물관은 단 두 명만 선택했다. 가서 본 국립 박물관은 기대와 달리 규모가 너무 작았고 전시된 품목은 주로 동물을 박제해 놓은 것이 대부분이었다. 이럴 줄 알았으면 카렌 블릭센 박물관을 볼 건데 하는 아쉬움이 들었고 한 시간쯤 보다가 숙소로 돌아왔다.

▲▲ 나이로비 국립 박물관 입구

▲ 박물관 입구에 있는 조형물과 단체관람을 하는 학생들

PART 2

탄자니아

탄자니아합중국

수도: 다레살람(Dar es Salaam, 경제·행정 수도), 도도마(Dodoma, 정치 수도, 의회 소재지)

인구: 5,630만 명('18, World Bank)

면적: 942,849㎢(한반도 약 4.3배)

종교: 이슬람교(35%), 기독교(30%), 토속종교(35%)

언어: 스와힐리어, 영어

출처: 외교부(2019.10.28.)

탄자니아 모시

킬리만자로의 관문도시 모시

오늘은 나이로비를 떠나 킬리만자로산을 가기 위해 아침 일찍 킬리만자로산으로 통하는 관문도시 모시(Moshi)로 출발해야 한다. 우리 일행은 미니버스를 타고 탄자니아 국경으로 갔다. 국경에 도착하여 수화물 검사를 마치고 탄자니아 도착비자를 미화 50달러를 주고 발급받았다. 입국심사 시에는 황열병 예방 접종 증명서를 여권과 함께 검사하였는데 황열병 접종은 국내에서 출국 전 최소 10일 전에 맞아야 한다. 항체 형성이 10일 후에 생기기 때문이다.

국경에서 잠시 쉬는 동안 버스 주위를 돌아다니는 환전상에게 탄자니아 실링으로 환전을 하였다. 모시까지는 9~10시간이 소요될 예정이다. 탄자니아도 케냐와 마찬가지로 플라스틱 봉투의 반입을 금지하고 있다. 국경 통과 후 끝도 없이 펼쳐진 아프리카 평원을 가로질러 저녁 무렵 모시의 숙소에 도착했다.

▲ 모시에 있는 숙소, 키 호텔

탄자니아 킬리만자로

아프리카 최고봉 킬리만자로산

모시 숙소에서 하룻밤을 자고 우리 일행 중 9명이 킬리만자로산 트래킹에 참가했다. 킬리만자로산 트래킹 투어 비용은 미화 130달러이다. 너무 비싸다는 생각이 들었지만 워낙 유명한 산이라서 주저 없이 선택하였다. 나머지 사람들은 현지 커피 농장 투어를 한다고 한다.

마랑구 등산로 입구까지 숙소에서 1시간 30분 동안 버스를 타고 도착했다. 마랑구 입구는 해발 1,817m에 이르고 오늘 우리가 올라갈 최종 목적지 만다라 산장(Mandara Hut)은 거리 7㎞, 해발 2,700m에 이른다. 마랑구 입구에서 입산 신고서를 작성하여 제출하고 본

격적으로 등산길에 올랐다. 현지 가이드가 3명이나 따라붙었다. 사실 한 명만 있어도 충분했다.

킬리만자로산은 우리나라에서 조용필의 노래 킬리만자로의 표범으로 유명해졌다. 실제로 정상 부근에는 얼어 죽은 표범의 시체가 있다고 한다.

먹이를 찾아 산기슭을 어슬렁거리는

하이에나를 본 일이 있는가?

짐승의 썩은 고기만을 찾아다니는

산기슭의 하이에나

나는 하이에나가 아니라 표범이고 싶다.

산정 높이 올라가 굶어서 얼어 죽는

그 표범이고 싶다.

- 중략 -

바람처럼 왔다가 이슬처럼 갈 순 없잖아

내가 산 흔적일랑 남겨둬야지

한줄기 연기처럼 가뭇없이 사라져도

빛나는 불꽃으로 타올라야지

묻지 마라 왜냐고 왜 그렇게 높은 곳 까지

오르려 애쓰는지 묻지를 마라

고독한 남자의 불타는 영혼을

아는 이 없으면 또 어떠리.

- 중략 -

구름인가 눈인가 저 높은 곳 킬리만자로

오늘도 나는 가리 배낭을 메고

산에서 만나는 고독과 악수하면

그대로 산이 된들 또 어떠리.

- 조용필, 「킬리만자로의 표범」

여담이지만, 조용필은 이 노래 덕분에 2001년 9월 26일 탄자니아 정부로부터 문화훈장을 수여 받았다.

등산로는 완만한 경사로 조성되어 있었고 처음부터 열대우림 지대였다. 습도가 매우 높아서 나무마다 이끼가 붙어 있었다. 3시간여를 오르자 우리의 목적지인 만다라 산장이 나왔다.

정상까지 가려면 여기서 3일이 더 걸린다고 현지 가이드가 말했다. 정상까지 가보고 싶은 마음이 간절했으나 일정상 갈 수가 없다. 현지 가이드가 가져온 도시락으로 점심을 때우고 정상이 잘 보이는 뷰 포인트로 이동했다. 뷰 포인트에서 본 킬리만자로산의 정상은 기대와 달리 잘 보이지도 않고 구름에 가려 일부밖에 보이지 않았다.

▲ 마랑구 등산로 입구에 있는 안내사무실

◀ KINAPA HQ(1,879m) 등산로 입구

▼ 열대우림으로 형성된 킬리만자로산을 오르고 있다.

▲ 만다라 산장(2,720m)에서

▼ 안개가 자욱이 낀 산속

습한 기후로 나무에 이끼가 많이 붙어있다.

▲ 저 멀리 눈 덮인 정상의 모습이 보인다.

죽기 전에 꼭 가봐야 할 곳, 아프리카

2시간을 내려와서 차를 타고 숙소로 귀환하였다. 돌아오는 중에 우리 차량은 도로변에 있는 거대한 바오바브나무 옆에서 정차했다. 어마어마하게 큰 나무를 보고 우리 일행은 탄성을 질렀다.

바오바브나무는 열대 아프리카 지역에서 가장 크고 오래 사는 나무다. 아프리카 속담에서 바오바브나무는 지식을 상징하며, 누구도 양팔을 벌려 그것을 잴 수 없다고 한다.

▲ 바오바브나무의 위용

탄자니아 다르에스살람*

10시간 동안 차를 타고 이동

킬리만자로산 트래킹을 마치고 다음 날 아침 우리 일행은 보석 같은 섬 잔지바르로 가기 위해 탄자니아의 실질적인 수도인 다르에스살람으로 아침 일찍 출발했다.

인솔자는 전용 차량을 구하기 힘들어 현지 버스를 타고 간다고 했다. 우리 인원이 많아 현지 버스가 터미널에서 직접 호텔 앞까지 와 주었다. 버스는 50인승 대형버스로 안에 화장실까지 있었다. 버

---

* 다르에스살람(Dar es salaam)은 탄자니아의 정치, 경제 중심지이자 무역항으로 아랍어로 '평화로운 항구'란 뜻이다. 문자 그대로 파도가 잔잔한 천혜의 항구로 몸바사, 마푸토와 함께 동아시아의 3대 항구도시로 꼽힌다.

스 안에는 현지 사람이 많이 타고 있었다. 우리 일행이 타자 빈자리가 없었다. 버스에는 안내원 아가씨가 있어 비행기처럼 음료수와 케이크를 주었다. 전혀 예상 밖이었다. 중간에 휴게소에 들려 점심을 사 먹고 다시 출발하여 10시간 만에 다르에스살람 터미널에 도착하였다.

인근 루사카 공항에서 비행기를 타면 다르에스살람까지 50분이면 간다는 말을 듣고 비용이 더 들더라도 항공을 이용하는 것이 효율적일 것 같다는 생각이 들었다. 그만큼 시간이 절약되기 때문이다. 다르에스살람 터미널에 도착해서는 숙소까지는 택시를 타고 가야 하는데 우리가 타고 온 버스가 숙소까지 운송을 해주어 택시로 갈아타는 번거로움을 피할 수 있었다.

오후 6시쯤 숙소에 도착했다. 이코노로지(Econolodge)라는 호텔인데 최악의 수준이었다. 낡은 연립주택 같은 건물에 주위는 비포장 흙으로 덮여있고 침대 위에는 누더기 같은 모포가 놓여 있었다. 나는 냄새까지 나는 모포를 도저히 덮고 잘 수가 없어 치워버리고 가져온 침낭을 덮고 잤다.

오후 늦게 도착하여 탄자니아 수도인 다르에스살람의 시내 구경은 할 여유가 없었다. 다음날 아침 일찍 잔지바르섬으로 출발해야 한다.

▲ 현지 버스 안에 있던 귀여운 꼬마

탄자니아 잔지바르*

인도양의 진주 잔지바르섬

오늘은 한번 들어가면 나오기가 싫다는 인도양의 진주라고 불리는 잔지바르섬으로 간다. 숙소에서 여객선 터미널까지는 1.5㎞ 정도 떨어져 있었다. 걸어갈까 하다가 길이 비포장길이고 무거운 캐리어가 있어서 택시를 타고 갔다.

여객선 터미널은 수많은 관광객으로 인해 매우 복잡했다. 터미널 앞에 내리자마자 짐꾼이 몰려들어 서로 가방을 옮겨주겠다고 난리

---

* 잔지바르(Zanzibar): 탄자니아라는 국명은 '탕가니카'와 '잔지바르'의 합성어이다. 탕가니카는 현재 탄자니아 본토이고, 잔지바르는 아랍인의 무역 기지로 사용되다가 독립한 인도양의 섬이다. 페르시아어로 '검은 해안'이라는 의미를 지닌 잔지바르는 항구도시답게 다양한 문화가 남아 있는데, 특히 구시가인 스톤 타운은 세계유산으로 지정되기도 했다.

다. 우리는 모두 거절하고 캐리어를 끌고 터미널 안으로 들어갔다. 복잡한 수속 과정을 거쳐 쾌속선 페리에 승선했다.

잔지바르는 탄자니아에 속해 있지만 자치령이기 때문에 다른 나라에 입국하는 것처럼 입국 카드를 작성하고 수화물도 미리 붙여야 한다. 여권과 함께 황열병 접종 증명서도 있어야 들어갈 수 있다. 황열병 접종 카드는 탄자니아 입국 시에도 확인하였다. 황열병 접종 유효기간이 전에는 10년이었는데 지금은 한 번 맞으면 평생 동안 유효하다.

날씨는 바람도 없고 청명한 우리나라 가을 날씨 같았다. 점심을 선내에 있는 구내매점에서 간단히 때우고 쾌속선 페리는 2시간 만에 잔지바르에 도착했다. 항구에 내려서 미리 부친 수화물을 찾아서 숙소로 출발했다.

숙소에 도착하여 짐을 풀고 바닷가로 나갔다. 늦은 오후의 해변에는 많은 관광객과 현지인이 해변에서 공놀이, 서핑 등 즐거운 시간을 보내고 있었다. 많은 선박이 정박해 있었고 구름 한 점 없는 하늘에 태양이 수평선 너머로 기울고 있었다.

▲▲ 잔지바르로 가는 쾌속선 페리

▲ 해변에서 선박에 페인트를 칠하고 있는 현지인

▲ 붉은 노을을 배경으로 항해 중인 돛단배

잔지바르섬에서 첫 일몰을 바라보았다.

도시 전체가 유네스코 세계 문화유산으로 지정된 스톤타운에서는 동아프리카 스와힐리 문화와 아랍, 페르시아, 인도, 유럽, 아프리카 문화가 혼재된 건축물을 볼 수 있다. 특히 매일 밤 포로다니 정원에서 열리는 야시장은 놓치지 말아야 할 체험거리 중 하나로 잔지바르의 대표 먹거리를 맛볼 수 있다. 얇게 편 밀가루 반죽에 다양한 재료를 올려 구운 잔지바르 피자나 각종 해산물 등을 꼬치에 꽂아 먹는 구이 요리가 대표적이다.

▲ 스톤타운 상점 안에 있는 어린이

저녁 시간 스톤타운 야시장(Old Port)로 갔더니 다양한 음식과 수많은 관광객으로 붐비고 있었다. 주로 바닷가답게 각종 해산물이 많았고, 케밥, 새우꼬치, 피자 등이 포장마차 형태로 많이 있었다. 나는 이곳에서 유명하다는 피자를 시켜서 저녁을 먹고 숙소로 걸어서 돌아왔다. 오늘부터 3일간 이곳 잔지바르에서 자유 시간을 가질 예정이다.

▲ 포로다니 정원의 야시장 풍경

스톤타운은 동아프리카 스와힐리 문화와 아랍, 페르시아, 인도, 유럽, 아프리카 문화가 혼재된 건축물로 인해 그저 골목 구석구석을 거니는 것 그 자체로도 매력이 넘치는 곳이다. 그뿐만 아니라 전설적인 록 그룹 퀸의 보컬인 프레디 머큐리*의 고향으로 잔지바르 곳곳에서 그의 향기를 느낄 수 있다.

2018년에 우리나라에서 프레디 머큐리의 일대기를 다룬 〈보헤미안 랩소디〉라는 영화가 상영되어 선풍적인 인기를 누렸던 일이 생각난다. 그 영화 대사 중에 프레디 머큐리가 말한 "내가 누군지는 내가 정해"라는 말이 기억에 남는다.

---

* 프레디 머큐리는 1946년 영국의 식민지였던 탄자니아의 잔지바르섬에서 영국 공무원이었던 아버지와 어머니 사이에서 태어났다. 프레디 머큐리의 이름을 딴 머큐리 레스토랑, 기념품 가게, 머큐리의 집 등 지금도 잔지바르 곳곳에서 그의 향기를 느낄 수 있다.

▲ 프레디 머큐리의 생가. 현재는 호텔로 이용하고 있다.

지상낙원 같은 모래섬과 꼴레섬

자지바르에서 첫날을 보내고 오늘은 본격적으로 잔지바르섬을 탐색하는 날이다. 이곳 잔지바르의 유명한 투어로는 스파이스 투어*, 프리즌 아일랜드 투어**, 돌핀 투어***, 사파리 블루 투어****가 있다고 여행 자료집에 적혀 있었다. 개인별로 한군데를 선택해서 가도되고 특별한 투어 없이 해안 근처에서 자유 시간을 갖는 것도 좋다. 여행 자료집에는 다음과 같이 각 투어별로 간단한 설명이 적혀 있었다.

나는 사파리 블루 투어를 선택했다. 우리 일행 중 같이 신청한 부부 1쌍과 함께 호텔로 온 픽업 차량을 타고 아침에 출발하였다. 약 30분쯤 달리자 배를 타는 선착장이 나왔다. 선착장이라고 해봐야 아무런 시설이 없고 그냥 해변이다. 따라서 배를 가까이 정박할 수 없어 선박이 있는 곳까지 약 5m를 물속으로 걸어서 가야만 했다.

---

* 　스파이스 투어: 세계적인 향료 생산지인 만큼 잘 가꾸어진 농장을 방문하는데 신기한 과일과 향료 등을 볼 수 있다. 농장을 둘러보며 각종 향신료 나무를 구경하고 과일 시식을 할 수 있다.

** 　프리즌 아일랜드 투어: 노예 감옥으로 유명한 프리즌 아일랜드는 스톤타운 근처에 위치해 있다. 보통 오전 8~9시쯤 출발하여 오후 3시쯤 귀환한다. 19세기 후반 세이셸에서 수입한 멸종 위기의 거대 육상 거북의 본거지로 알려져 있으며 스노클링을 즐긴다.

*** 　돌핀 투어: 잔지바르 남부 해안에 위치한 키짐카지(Kizimkazi)에서 하는 돌고래를 가까이서 보거나 함께 수영할 수 있는 코스이다. 오전 일찍 시작하는 것이 좋다.

**** 사파리 블루 투어: 잔지바르 남부 해안에 위치한 메나이 베이 지역(menaibay conservation area)에서 돌고래, 산호초 등 여러 해양 생태계를 볼 수 있는 스노클링 투어이다.

배 한 척에는 약 10명 정도 탈 수 있는 돛이 달린 배가 해안가에서 대기하고 있었다. 우리는 탑승 인원이 채워질 때까지 잠시 기다리다가 유럽인과 남아프리카 공화국에서 온 관광객과 함께 승선하여 출발하였다. 날씨는 우리나라 가을 날씨처럼 무덥지도 않고 청명했다. 하얀 모래와 얕은 수심으로 인해 바다 색깔은 에메랄드빛을 띠고 있었고 물이 맑아 바닥이 훤히 보였다. 이곳의 바다는 아주 먼 곳까지 수심이 1~2m 정도밖에 되지 않았다. '어떻게 이런 곳이 있을 수 있을까?' 하는 생각이 들 정도로 천혜의 조건을 갖추고 있었다. 바다 전체가 해수욕장이자 천연 풀장이었다.

배를 타고 조금 가자 하얀 모래섬이 보였다. 저기가 그 유명한 나쿠펜다 비치(Nakupenda Beach)라고 한다. 면적은 넓지 않지만 바다 한가운데에 하얀 모래섬이 불룩 솟아 있어 매우 인상적이었다.

우리가 탄 배를 모래섬 근처에서 정박하고 스노클링을 하였다. 오리발을 신고 물안경을 쓰고 바다로 들어갔다. 갑자기 수많은 열대어가 몰려들었다. 알고 봤더니 선장이 배에서 물고기 먹이를 뿌리고 있었다. 수심은 약 2m 정도로 바닥에는 산호초가 있었고 물고기의 현란한 움직임이 환상적이었다.

▲ 여행객이 배를 타기 위해 가고 있다.

▼ 바다 한 가운데에 있는 모래섬(Nakupenda Beach)

죽기 전에 꼭 가봐야 할 곳, 아프리카

▲ 모래섬에 정박하여 가져온 점심을 먹는다.

▼ 모래섬

▲ 투명한 에메랄드빛 바다

스노클링을 마치고 우리는 모래섬에 내렸다. 수정같이 맑은 물과 고운 백사장이 어우러져 있는 모래섬은 규모는 크지 않지만 환상적인 모습이었다. 어떻게 바다 가운데에 이런 모래섬이 만들어졌는지 자연의 경이로움에 감탄하였다. 현지 투어 회사에서 가져온 과일들을 먹고 백사장 위에 앉아 바다를 바라보았다. 내가 자연의 일부분이 된 느낌이었다. 모두 사진 촬영을 하느라고 정신이 없었다. 모래섬에서 휴식을 취하고 우리를 태운 배는 다시 출발했다.

가까운 거리에 섬이 하나 보였다. 배는 섬 주위를 돌더니 블루라곤이라는 곳으로 갔다. 그곳에는 파도에 깎여서 조각품처럼 생긴 바위들이 둘러싸여 있고 그 바위에는 맹그로브 나무가 우거져 있었다. 축구장 넓이쯤 되는 가운데 바다는 수심이 1.5m 정도 되고 물은 청명해서 바닥이 훤히 들여다보였다. 바닥에는 하얀 모래와 해초들이 있었다. 다른 배들이 정박하고 있었고 사람들이 수영을 하고 있었다. 지상낙원이 바로 이런 곳일까? 하는 생각이 절로 들었다.

나는 바닥이 훤히 보이는 바다로 뛰어들고 싶은 욕망을 억제할 수 없어서 바로 뛰어 들어가서 수영도 하고 주위 경치를 감상하였다. 수온도 적당하고 주위 경치가 너무 아름다워서 자연이 만든 지상 최고의 수영장 같았다.

▲▲ 지상낙원 같은 모래섬

▲ 기묘한 바위들과 맹그로브나무로 둘러싸인 블루라곤

▼ 블루라곤에서 관광객들이 수영을 하고 있다.

▶ 블루라고이 아름다운 모습

블루라곤에서 수영을 즐기고 해안가로 나왔다. 이 섬에 상륙하기 위해서다. 이 섬의 이름은 꽐레섬이라고 한다. 수심이 낮아 배를 해안가보다 먼 곳에 정박해 놓고 우리는 걸어서 나왔다. 수심은 무릎 높이 정도 되었고 이렇게 낮은 수심이 수백 미터 펼쳐져 있었다.

해안가에 올라오자 해변에는 관광 기념품을 파는 가게가 오두막처럼 들어서 있었다. 섬에 도착해서 야외에 있는 휴게소에서 현지 여행사에서 준비해온 점심을 먹었다. 바닷가재를 포함한 풍부한 해산물이 나왔다.

대체로 만족스러운 식사를 마치고 밖으로 나오니 부족처럼 보이는 현지인이 공연을 하고 있었다. 빠르고 경쾌한 음악에 맞춰 유연한 몸으로 아프리카 특유의 춤을 추고 있었다. 아프리카 음악은 들을수록 좋다. 리듬이 신나고 지루하지가 않다.

수심이 낮아 걸어서 섬으로 상륙하고 있다.

▲▼ 꽐레섬 해안가

▲▲ 춤추는 여인

▲ 아프리카 전통 춤을 추고 있다.

▲▲ 왔던 배를 타고 되돌아가는 중 현지 가이드가 노래를 불러주었다.

▲ 돛을 달고 귀환하고 있는 배

▲ 가는 길에 다시 한 번 모래섬을 본다.

죽기 전에 꼭 가봐야 할 곳, 아프리카

지상 최고의 해변 능귀

잔지르바에 들어온 지 3일째 오늘은 지상 최고의 해변이라고 하는 능귀(Nunggui)로 이동하는 날이다. 능귀로 이동 중에 스파이스 투어를 하러 갔다. 향신료 농장을 둘러보고 점심까지 해결하는 투어이다. 잔지바르섬은 향신료 무역의 중심지이었다. 아랍 무역상이 아프리카와 유럽을 오갈 때 중개항이었다고 한다.

농장에 도착하자 농장 가이드가 나와서 안내를 했다. 온갖 향신료의 열매와 씨앗을 직접 까서 보고 냄새도 맡아 보았다. 이름은 잊어버려서 생각이 나지 않지만 처음 보는 특이한 열매가 많이 있었다.

옛날 유럽 귀족들은 후추, 계피, 고추의 톡 쏘는 맛에 매료되었다고 한다. 농장 직원이 투어 중에 언제 만들었는지 바나나 잎으로 넥타이, 모자, 팔찌 등을 만들어서 걸어주었다. 나뭇잎으로 만든 것치고는 상당한 수준이었다. 농장 쉼터에서 잠시 쉬는 동안 농장에서 준비한 각종 과일과 점심을 먹고 능귀 해변으로 출발했다.

▲ 특이한 모양의
 '카데몬'이라고 하는 열매
◀ 향신료 열매에 대해 설명하고 있는
 농장 가이드

▲ 농장 부엌에서 음식을 준비하고 있다.

능귀 해변에 도착하여 근처에 있는 리조트에서 짐을 풀었다. 리조트는 상당히 큰 규모로 야외 수영장이 있었고 롯지 형태로 2인 1실 건물이 각각 떨어져 있었다. 바로 옆에 있는 해변으로 나갔더니 과연 지상 최고의 해변답게 물은 수정처럼 맑았고 끝이 보이지 않는 백사장의 하얀 모래와 에메랄드빛의 바다 색깔이 환상적이었다.

나는 하얀 백사장 위를 걷기 시작했다. 백사장 끝에는 용암처럼 생긴 그리 높지 않은 바위가 바다와 육지를 경계로 형성되어 천혜의 조건을 갖추고 있었다. 그 바위 위에는 오두막처럼 생긴 수많은 호텔과 리조트가 있고 그 앞에는 야자수 나무 그늘 밑에서 유럽 사람들이 휴식을 취하고 있었다.

얼마나 걸었을까? 가도 가도 끝이 보이지 않았다. 돌아올 길을 생각하며 한 시간 정도 걷다가 되돌아왔다. 해변 끝에는 현지 화가가 직접 그린 그림을 전시해 놓고 판매하고 있었다. 낮은 수심과 수정처럼 맑은 옥빛 물 그리고 고운 모래가 깔려있는 이곳은 바라만 보아도 힐링이 되는 곳이었다.

▲▼ 능귀 해변

▲▼ 능귀 해변

▲ 능귀 해변 옆에는 바위가 있고 그 밑에 그림을 판매하기 위하여 전시하고 있다.

늦은 오후 해변을 걷고 있는데 현지인 한 명이 다가와서 배를 타고 선셋 투어를 하라고 졸랐다. 나는 해변가에서 일몰을 보려고 했는데 비용이 저렴하여 참여하기로 하고 15달러를 지불했다. 돛이 달린 다우선이라는 목선을 타기 위하여 배로 갔더니 우리 일행이 이미 타고 있었다.

CNN 산하 기관인 'CNN go'에서 선정한 세계에서 가장 아름다운 해변 10위에 랭크된 곳이기도 한 능귀 해변은 하얀 모래사장과 에메랄드빛 바다 색깔로 바라만 봐도 마음이 편해진다.

능귀 해변에 태양이 지고 있다.

우리가 탄 배는 해변 근처를 돌면서 노을이 지기를 기다렸다. 파도가 거칠어서 먼바다로는 나갈 수 없다고 선장이 말했다. 태양은 서서히 수면과 가까워지고 하늘은 붉게 물들었다. 바다에는 선셋 투어를 하는 배가 서너 척 떠 있었다. 나는 전경에 선셋 투어를 하고 있는 다른 다우선을 배치하고 사진을 찍었다.

선셋 투어를 마치고 저녁을 먹으러 근처에 있는 레스토랑에 갔더니 아프리카 민속 공연을 하고 있었다. 아프리카 특유의 경쾌한 리듬에 맞춰서 유연한 몸짓으로 춤을 추고 있었다. 가까운 곳에 자리를 잡고 공연을 보고 있는데 갑자기 정체불명의 나무상자를 무대 위에 들고나왔다. 아나콘다가 그 속에 들어 있다고 했다.

잠시 후 상자를 열더니 아나콘다를 끄집어내어 춤을 추고 있는 여자의 목에 걸었다. 관광객에게 나오라고 하더니 목에 걸어 주었다. 나도 나가서 아나콘다를 목에 걸고 사진을 찍을까 하고 생각했지만 나가지 않았다. 나는 뱀을 싫어한다. 목에 걸면 오늘 밤 꿈에 나타날 것 같았다.

▲ 능귀 해변에서 선셋 투어를 하고 있다.

◀ 아프리카
전통 타악기에 맞춰
춤을 추고 있다.

▼ 아프리카 전통 춤

▲ 아나콘다 뱀을 가지고 공연하고 있다.

잔지바르를 떠나다

오늘은 꿈같은 3일간의 잔지바르섬 투어를 마치고 잠비아에 있는 빅토리아 폭포를 보기 위하여 루사카로 이동해야 한다. 루사카로 가는 방법은 험난하다. 주로 항공기와 타자라 열차로 많이 가는데 타자라 열차는 2박 3일이 걸린다. 우리는 잔지바르 공항에서 비행기를 타고 킬리만자로 공항과 에티오피아의 아디스아바바 공항을 경유하여 루사카 공항으로 돌아가는 일정이다. 잔지바르에서 루사카로 직접 가는 항공편은 없다.

잔지바르 공항으로 출발하는 시간은 11시 30분이라고 우리 인솔자가 전달하였다. 당초 예정 시간 보다 몇 시간 늦춰져서 잘 됐다 싶어 아침 식사를 하고 해변으로 나가 수영을 하면서 마지막 능귀 해변의 아름다운 풍경을 만끽하였다. 투명한 물과 완만한 경사의 잔지바르 바다는 어느 곳으로 가도 수영과 스노클링을 즐기기에 안성맞춤이다. 단지 앞바다로 나가면 상어가 출몰하는 경우가 있다고 한다.

우리가 탄 비행기는 잔지바르 공항을 오후 4시에 이륙하여 킬리만자로 공항에 오후 5시에 도착해서 1시간 20분 동안 대기한 후 아디스아바바 공항으로 출발했다. 아디스아바바 공항에 오후 8시 40분 경에 도착하여 환승 게이트로 이동하였다. 두 시간 동안 대기한 후 오후 10시 40분에 출발하여 잠비아의 루사카 공항에 다음날 새벽 2

시 40분에 도착하였다. 에티오피아와 잠비아의 시차가 1시간인 점을 고려하면 루사카까지 약 4시간이 걸렸다.

PART 3

잠비아

잠비아공화국

수도: 루사카(Lusaka)

인구: 1,644만 명('18.4. 잠정, CIA)

면적: 752,614㎢ (한반도의 약 3.4배)

민족: 반투족(95%)

종교: 기독교(75%), 이슬람교, 토착신앙

언어: 영어(공용어)

기후: 아열대 기후(연평균 15~37℃)

독립: 1964.10.24.(영국으로부터 독립)

출처: 외교부(2019.10.28.)

잠비아 루사카/리빙스턴

아프리카의 대평원을 실감하다

　루사카로 가는 중에 비행기 기장이 창밖에 킬리만자로산 정상이 보인다고 안내방송을 하여 급히 보았으나 내가 앉은 자리는 반대편 이었다. 지금 안 보면 언제 또 볼 것인가? 자리 선택에 대한 후회감 이 들었다. 먼 곳에서 어렴풋이 보고 사진 촬영은 하지 못했다. 지 구 온난화로 인해 킬리만자로산 정상을 덮고 있던 만년설이 최근 20 년 동안 80% 가까이 녹아 버렸다고 한다.

　루사카에 있는 숙소에 도착하자 새벽 3시 40분이었다. 어제 오전 에 잔지바르를 출발해서 거의 하루를 이동 하는데 보냈다. 오늘 루 사카 일정은 자유시간이다. 새벽에 숙소에 도착해서 피곤하여 오전

까지 잤다. 오후에는 특별히 할 일이 없어서 숙소 근처에 있는 대형 쇼핑몰에 가서 점심도 사 먹고 구경을 했다.

　루사카에서 하루를 쉬고 빅토리아 폭포를 보기 위하여 리빙스턴으로 이동한다. 이동시간은 9~10시간이 소요된다고 한다. 아프리카에 와서 느낀 거지만 이동하는 일이 너무 힘들고 시간이 많이 걸린다는 것이다. 도로 인프라가 열악하고 이동 차량도 좁고 낡아서 매우 불편했다. 특히 비포장길을 달리면 차량 안으로 흙먼지가 들어와서 마스크를 쓰고 곤욕을 치렀다. 차량으로 이동하면 주위 풍경을 많이 볼 수 있어서 좋은 점도 있지만 10시간여를 거의 비슷한 풍경을 본다면 얼마나 지루하겠는가?

　사실 도로 옆 풍경은 어디를 가나 대동소이했다. 끝없이 펼쳐지는 야산처럼 보이는 평원과 도로 옆에는 작은 나무가 듬성듬성 있고 소와 양을 몰고 다니는 현지인이 가끔 보이고 우리나라처럼 높은 산과 강은 거의 찾아볼 수 없었다. 그러나 난생처음 본 나무가 많고 가끔 도로 옆으로 돌아다니는 타조, 코끼리 등의 동물이 지루한 시간을 보상해 주었다.

　리빙스턴으로 오는 중에 마땅한 휴게소도 없어서 길가에 차량을 세워놓고 나무 그늘 밑에서 각자 준비해온 음식으로 점심을 때웠다. 길가에는 숯을 만들어서 판매를 하고 있는 사람이 많이 있었다. 아직도 이곳은 주 연료가 나무인 것 같다. 도로 옆에는 탑처럼 보이는 개미집이 매우 많이 있었다. 오후 늦게 숙소에 도착하여 일행과 함께 시내로 나가 식사를 하였다.

▲ 도로 옆에서 숯을 판매 하고 있다.

▲ 도롯가에서 토마토와 채소를 팔고 있다.

PART 4

짐바브웨

짐바브웨

국명: 짐바브웨(Republic of Zimbabwe)

수도: 하라레(Harare)

인구: 1,403만 명('18.7. 잠정, CIA)

면적: 39만㎢(한반도의 약 1.7배)

민족: Shona족(74%), Ndebele족(20%) 등

종교: 기독교 계통(88%), 토착신앙(0.6%)

언어: 영어(공용어), 토착어

기후: 아열대기후

독립: 1980.4.18.(영국으로부터 독립)

출처: 외교부(2019.10.28.)

잠비아, 짐바브웨 리빙스턴/빅폴

세계 3대 폭포, 빅토리아 폭포

아침 식사를 하고 빅토리아 폭포로 출발했다. 빅토리아 폭포 입구에 왔을 때 물 떨어지는 소리가 천둥 치는 소리처럼 들리고 있었다. 입구에서 조금 들어가자 폭포가 보였다. 건기여서 수량은 그리 많지 않았지만 탄성이 절로 나왔다. 강이 두 동강으로 쩍 갈라져 있었고 그 사이로 건너편 강에서 흐르던 물이 쏟아져 내리고 있었다. 우기 때는 수량이 많아 물보라 때문에 바닥은 안 보이고 옷이 다 젖는다고 하는데 지금은 건기라서 바닥도 잘 보이고 주변 지형이 뚜렷이 보였다. 어떻게 이렇게 넓은 강이 100m가 넘는 깊이로 갈라졌을까? 자연의 경이로움을 생각하게 하는 대단한 폭포였다.

잠비아 쪽에 있는 폭포를 다 구경하고 우리는 국경을 넘어 짐바브웨 빅폴로 이동했다. 국경에는 협곡을 건너는 아치형 철교가 있는데 걸어서 건너면 짐바브웨 땅이다.

이 철교는 폭포교라고도 하며 1905년 영국 통치령 시대에 제국주의자 세실로즈가 남아프리카 공화국의 다이아몬드와 금 등을 침탈하기 위해 아프리카 대륙을 남북(케이프타운부터 카이로까지)으로 종단하려는 계획에 따라 큰 야망을 갖고 건설되었다고 한다. 차량은 물론 철도까지 설치되어 있다.

그러나 당시 의도와 상관없이 지금은 빅토리아 폭포* 관광에서 유명한 명물이 되었고 110m의 협곡을 향해 뛰어내리는 번지점프대가 교량 한가운데에 설치되어 많은 여행객을 즐겁게 하고 있다. 또한 짐바브웨로 가려면 반드시 이 교량을 통과해야만 갈 수 있으니 매우 중요한 교량이다. 115년 전에 이러한 대규모 교량을 건설했다는 점이 불가사의하게 생각되었다.

---

* 나이아가라 폭포, 이과수 폭포와 함께 세계 3대 폭포인 빅토리아 폭포는 짐바브웨와 잠비아공화국 국경에 위치하고 있으며 아프리카 여행객중 가장 많은 관광객들이 방문하는 곳이기도 하다.

▶ 잠비아와 짐바브웨의 국경을
이어주는 철교

▼ 폭포 앞에 잠비아와 짐바브웨를
연결하는 철교가 보인다.

짐바브웨 쪽에서는 훨씬 수량도 많고 볼 수 있는 면적이 넓었다. 폭포의 3분의 2가 짐바브웨 쪽에 있다. 나는 우리 일행의 사진을 찍어주면서 환상적인 풍경을 넋을 잃고 바라보았다. 이런 대자연을 볼 때마다 느낀 것은 100년도 살지 못하는 우리 인간은 얼마나 미약한 존재인가 하는 생각이 든다. 한편으로는 죽기 전에 이런 경치를 보게 돼서 얼마나 다행인가 하는 생각도 들었다. 다 보고 나오는데 들어갈 때는 안 보이던 무지개가 선명하게 떠 있었다. 얼마 만에 보는 무지개인가. 환상적인 풍광 앞에 카메라 셔터를 연신 눌렀다.

빅폴에서 많이 하는 투어에는 래프팅, 헬리콥터 투어, 번지점프, 잠베지강 선셋 디너 투어가 있다. 현지 빅폴 투어 업체를 통해 투어 종류 및 비용을 상세히 상담받을 수 있다.

래프팅 투어는 폭포에서 떨어진 물이 협곡을 따라 흘러가는데 그곳에서 수십 킬로미터를 래프팅하는 것으로 세계에서 가장 스릴 넘치는 래프팅 투어로 알려져 있다. 루사카에 있는 숙소에서 우리나라 부부 여행객을 만났는데 그 부부는 우리와 반대로 남아프리카공화국에서 북쪽으로 올라가는 중이었다. 빅토리아 폭포에서 래프팅을 했는데 너무 재밌고 최고라고 몇 번이나 강조하면서 꼭 해보라고 추천하였다.

▲▼ 무지개가 떠 있는 빅토리아 폭포

▲ 짐바브웨 쪽에서 본 빅토리아 폭포

▲ 악마의 수영장이라고 하는 곳에서 스릴을 만끽하고 있는 관광객. 밑에는 천 길 낭떠러지

번지점프는 잠비아와 짐바브웨의 국경을 이어주는 철교 위에서 뛰어내리는 것으로 높이는 111m이다. 나는 몇 년 전에 국내 최고 높이인(63m) 강원도 인제에서 뛰어내린 경험이 있어서 헬기 투어를 신청했다($165). 하늘에서 본 빅토리아 폭포의 전경을 카메라에 담고 싶었기 때문이다.

오후에 픽업 차량을 타고 헬기장으로 갔다. 비행시간은 15분이다. 헬기에 올라서 보니 폭포 전경이 한눈에 보였다. 난생처음 타보는 헬기다. 헬기는 폭포를 중심으로 원을 그리며 한 바퀴를 돌고 원안을 8자형으로 돌면서 지나갔다. 헬기의 창문이 너무 적어서 창문을 열고 렌즈를 밖으로 내어 촬영을 하는데 매우 힘들었다. 잠베지강과 철교가 한눈에 들어왔다. 헬기 기장이 아래를 손으로 가리키며 코끼리 떼가 있다고 한다. 자세히 보니 코끼리 열댓 마리가 물웅덩이에서 물을 마시고 있었다. 수량이 좀 많았으면 하는 아쉬움과 함께 순식간에 헬기 투어를 마치고 내려왔다.

우리 일행은 각자 선택한 투어를 마치고 숙소로 돌아왔다. 저녁에는 식사를 하면서 각자 투어했던 이야기를 주고받으며 즐거운 시간을 보냈다. 래프팅을 했던 일행분은 래프팅을 마치고 계곡 위로 걸어서 올라오는데 힘들어서 죽을 뻔했다고 한다. 계곡 깊이가 100m가 넘으니까 수직 계단을 타고 올라오는 데 힘이 들 만도 했다. 선셋 디너 투어를 했던 일행은 너무 좋았다고 대단히 만족해했다.

죽기 전에 꼭 가봐야 할 곳, 아프리카

헬기에서 본 빅토리아 폭포

여기에서는 해볼 만한 투어가 많기 때문에 하루가 더 필요하지만 우리는 정해진 일정 때문에 내일 이곳을 떠나야 한다. 내일은 보츠와나로 넘어가서 쵸베 국립공원 사파리를 할 계획이다.

▲▲ 빅토리아 폭포 상류 모습
▲ 폭포 입구에 있는 기념품 가게

PART 5

보츠와나

보츠와나

수도: 가보로네(Gaborone)

인구: 225만 명('18.7. 잠정, CIA)

면적: 58.2만㎢(한반도의 2.7배)

민족구성: Tswana족(79%), Kalanga족(11%) 등

종교: 기독교(71%), 토착신앙(6%)

언어: 영어(공용어), 세츠와나어(통용어)

독립일: 1966.9.30.(영국으로부터 독립)

출처: 외교부(2019.10.28.)

BOTSWANA

보츠와나 쵸베국립공원

코끼리의 천국, 쵸베 국립공원 사파리

아프리카 여행 16일째에 접어들었다. 오늘은 보츠와나 국경을 통과해서 쵸베 국립공원 사파리 투어를 마치고 다시 짐바브웨로 귀환하는 일정이다. 아침 7시 반에 숙소에서 쵸베 국립공원으로 출발했다.

사파리 차량에 탑승한 우리 일행은 강기슭의 모래언덕을 달렸다. 제일 먼저 목격한 흑맷돼지, 코끼리 상아처럼 입가에 뿔이 나 있고 눈 옆에도 뿔이 나 있다. 이런 멧돼지는 처음 본다. 옆에는 임팔라 무리가 한가롭게 풀을 뜯어먹고 있었다.
한참을 달려도 사자나 치타 같은 맹수는 없었다. 2시간 정도 샅샅이 뒤졌으나 코끼리와 영양류의 동물 외에는 별로 보이지 않았다.

▲ 기괴한 모양의 멧돼지

▶ 임팔라

▲ 임팔라와 독수리 무리

우리는 보트를 타기 위해 강가로 가서 사파리 레스토랑에서 점심을 먹었다. 식당은 매우 크고 뷔페식으로 음식이 나왔는데 지금까지 먹어본 것 중에 가장 맛있었다.

식사를 마치고 레스토랑 바로 옆에 있는 큰 보트에 우리 일행이 모두 타고 쵸베강으로 나갔다. 쵸베강은 고요하고 평화로웠다. 강 가운데는 섬처럼 녹지대가 펼쳐져 있었고 많은 동물이 풀을 뜯어 먹고 있었다. 햇빛이 약간 따가웠지만 우리나라 가을 날씨처럼 청명한 날씨였다. 보트를 타고 조금 나가자 검은색의 고목들이 괴상한 모양으로 물 위로 돌출되어 있었고 그 위에는 새가 앉아 있었다.

현지 가이드는 기묘하게 생긴 고목 주위로 배를 천천히 움직였다. 고목 위에는 흰머리 독수리와 가마우지가 앉아있었다. 어디에서도 볼 수 없는 독특한 모습이어서 카메라 셔터를 연신 눌렀다.

▲ 나무 위에 있는 흰머리 독수리

▲ 흰머리 독수리

▲ 먹이를 먹고 있는 흰머리 독수리 밑에서 가마우지가 쳐다보고 있다.

▲ 날개를 말리고 있는 가마우지

쵸베강은 건기여서 수량이 많지 않았다. 유속도 느려서 호수 같았다. 이 강은 흘러서 인근에 있는 잠베지강과 합류하여 빅토리아 폭포로 떨어진다.

조금 더 가자 악어 떼가 나왔다. 근처에는 매우 큰 하마가 두 다리를 들고 죽어 있었다. 현지 가이드는 수컷끼리 싸우다가 죽었다고 한다. 하마는 조용히 있는 것 같지만 매우 난폭하다고 한다. 가끔 자기 영역 안으로 침범한 보트를 들이받아 하마에게 물려 목숨을 잃은 사람이 있다고 한다. 하마의 벌린 입을 보면 무시무시하다.

악어는 죽은 하마 배 속으로 들어가서 내장을 먹고 밖에서는 살점을 뜯어먹고 있었다. 자연의 냉혹한 현실과 약육강식의 동물 세계를 리얼하게 보여주었다. 죽은 하마 주위에는 악어 수십 마리가 있었다. 하마가 워낙 커서 당분간은 식량 걱정을 안 해도 될 것 같았다.

하마가 물가에 나와서 졸고 있었다. 우리 보트는 좀 더 가까이 보기 위해서 하마 옆으로 갔다. 나는 하마의 사진을 찍고 싶어서 졸고 있는 하마에게 '일어나' 하고 외쳤다. 그러자 갑자기 하마가 벌떡 일어나서 쳐다보았다. 아기 하마라서 겁은 나지 않았지만 우리 일행은 마치 하마가 말을 알아듣고 일어난 것처럼 보여서 모두 웃었다.

▲ 죽은 하마를 뜯어먹고 있는 악어 이 주위에는 수십 마리의 악어 떼가 포진하고 있다.

▲ 일광욕 중인 악어

◀ 아기 하마

코끼리 한 마리가 강을 건너자 옆에 있던 코끼리가 일제히 따라서 강을 건너기 시작했다. 수십 마리의 코끼리가 강 건너는 모습은 장관이었다. 새끼 코끼리는 강물이 키를 훌쩍 넘었지만 잘 따라서 건너왔다. 강을 건너자마자 코로 주위의 모래를 담아서 몸에 끼얹었다.

▲ 강을 건너는 코끼리

▲ 강을 건너자 모래를 몸에 끼얹는다.

오늘 쵸베 국립공원 사파리 투어는 육상보다는 오후에 보트를 타고 강으로 나가서 보는 것이 훨씬 더 볼만했다. 코끼리 무리와 악어, 하마, 기린, 버펄로, 도마뱀 등 많은 동물을 가까이서 볼 수 있었다. 오후 늦게 사파리 투어를 마치고 다시 짐바브웨에 있는 숙소로 돌아갔다.

▲ 쿠두(Kudu)

▲ 긴 부리로 먹이를 찾고 있는 새

▲ 버펄로

보츠와나 마운

10시간 동안 차량으로 이동하여 마운에 도착

보츠와나의 쵸베 국립공원 사파리 투어를 마치고 우리 일행은 보츠와나의 5번째 큰 도시인 마운으로 이동하기 위해 아침 일찍 승합차 2대에 탑승하여 출발했다. 도로는 2차선으로 아스팔트 포장이 되어 있었고 도로 양옆에는 도로 폭만큼 나무들을 제거해서 목초지가 되어 있었다. 동물들이 도로를 횡단할 때 시야 확보를 해서 로드 킬을 방지하려는 의도 같았다.

실제로 마운으로 가는 중에 소 떼와 타조 떼가 도로를 횡단하는 장면을 목격하였다. 끝없는 평원을 10시간 동안 달려서 마운에 있는 숙소에 도착했다. 오늘 이동 거리는 약 620㎞이다.

▲ 끝없이 펼쳐진 대지 위에 차선도 없는 도로가 이어져 있다.

▲ 타조가 무단횡단 하고 있다.

▲ 도로를 건너서 가고 있는 소 떼

마운(Maun)은 칼라하리의 보석으로 표현되는 오카방고 삼각지(Okavango Delta)로 가는 관문 도시이다.

타말라카네강(Thamalakane River)을 따라서 펼쳐져 있으며 보츠와나에서 5번째로 큰 도시이다. 수많은 사파리와 전세 경비행기 관련 사무소가 있으며, 오카방고 델타로 가는 사람들로 인하여 마운의 공항 주변은 항상 분주하다. 현대식 건물과 민속 오두막이 조화를 이루고 있고 고급 쇼핑센터, 호텔, 여러 숙박시설과 자동차 렌트회사가 있는 반면, 지역의 부족민은 그들의 가축을 이 도시로 데리고 와서 팔기도 하고 강둑 근처 목초지에는 당나귀, 염소, 소, 영양을 방목하고 있는 등 시골풍의 모습을 보여주기도 한다.

이곳을 여행하기 가장 좋은 시기는 비가 오지 않고 날씨가 서늘한 5월부터 10월 사이 겨울이다. 11월부터 4월까지는 우기인데다가 날씨가 매우 덥기 때문에 여행하기는 적당치 않다.

보츠와나 오카방고 델타*

지상 최대의 삼각지 오카방고 델타 탐험

마운에 있는 숙소에서 하룻밤을 자고 우리 일행은 오카방고 델타 삼각지를 가기 위하여 사파리 차량에 탑승하였다. 아침 공기가 조금 쌀쌀하여 봄, 가을용 파카를 꺼내 입었다. 차가 달리자 차가운 바람이 온몸으로 들어왔다. 나는 모자까지 뒤집어쓰고 웅크리고 있을 수밖에 없었다. 아프리카도 춥다는 사실을 절감하면서.

약 1시간여를 달려 오카방고 삼각지 선착장에 도착하였다. 선착장에는 모코로(mokoro, 통나무를 파내 만든 카누)라고 하는 전통 카누가

---

* 오카방고 델타(Okavango Delta): 보츠와나의 응가밀란드(Ngamiland) 구에 있는 세계에서 가장 큰 내륙 삼각주로 2014년 유네스코 세계 자연유산으로 등재되었다.

강기슭에 놓여 있었고 수많은 관광객이 모여 있었다. 모코로 1대에 뱃사공 1명과 관광객 2명이 타고 출발하고 있었다.

우리 일행도 모코로에 나눠 타고 출발했다. 날씨는 전형적인 우리나라 가을 날씨 같다. 지금이 건기여서 그런지 수량은 많아 보이지 않고 수많은 수생식물이 우거져 있었다. 우리를 태운 카누의 뱃사공은 긴 막대기로 수풀 사이를 헤치며 배를 밀었다.

우리 일행은 보트에서 내려 현지 가이드가 안내하는 길로 걸어서 갔다. 건기여서 바짝 마른 땅과 주변에는 불탄 고목이 있어서 왜 나무를 태웠을까 하는 의문이 들었다. 걸어가다가 뼈만 남은 동물을 보았다. 모든 생명은 죽고 흙으로 돌아간다는 자연의 법칙을 상기하면서 걸었다.

▲ 뼈만 남은 동물

▲▲ 모코로 전통 카누

▲ 출항 대기 중인 모코로

▲ 오카방고 삼각주로 이동

▲ 오카방고 삼각주를 탐험하고 있는 우리 일행 부부

▲ 바짝 마른 오카방고 삼각주

▲ 오카방고 삼각주

▲ 불에 탄 고목

죽기 전에 꼭 가봐야 할 곳, 아프리카

황량한 주변에 탑처럼 보이는 흰개미집이 많이 보였다. 사람 키보다 더 큰 개미집이 너무나 신기하여 만져 보았더니 마치 시멘트처럼 단단했다. 개미집을 높게 탑처럼 쌓은 이유는 뜨거운 공기를 순환하기 위한 자연 환기 시스템이라고 한다. 저 흰개미집의 환기 시스템을 모방한 건축물도 있다.

도보 사파리 중에 얼룩말과 기린을 보았다. 1시간쯤 걷고 나서 준비해온 도시락 점심을 먹었다. 도시락 안에는 치즈 샌드위치 2개와 감자칩 과자가 들어 있었다. 치즈 샌드위치 양이 많아서 1개만 먹고 나머지 1개는 뱃사공에게 주었다.

점심 식사 후 다시 카누를 타고 선착장으로 갔다. 가는 도중 하마 무리를 보았다. 하마는 위험한 동물이기 때문에 가까이 접근하지 않고 멀리서 관찰했다. 십여 마리의 하마가 나무 밑에서 쉬고 있었다.

▲ 흰개미집

▲ 얼룩말 무리

▲ 점심 식사 중

죽기 전에 꼭 가봐야 할 곳, 아프리카

▲ 야자수 나무 밑에서 쉬고 있는 하마 무리

PART 6

나미비아

나미비아

수도: 빈트훅(Windhoek, 37만 명)

인구: 253만 명('18.7. 잠정, CIA)

면적: 824,269㎢(한반도 약 3.7배)

민족: 오밤보(49.5%), 카방고(9.2%), 헤레로(7%), 백인(6.4%), 혼혈(4.1%) 등

언어: 영어(공식어) 3.4%, Afrikaans(공용어) 10.4%, 독일어 0.9%, Oshi-wambo어 48.9%, Nama/Damara어 11%

종교: 기독교(80~90%), 토착종교(10~20%)

독립일: 1990.3.21.(남아프리카 공화국에서 독립)

기후: 아열대, 사막성 건조기후

출처: 외교부(2019.10.28.)

NAMIBIA

나미비아 마운/빈툭

하루종일 버스를 타고 국경을 넘어 이동

아프리카 여행 19일째에 접어들었다. 이제 나미비아와 남아프리카 공화국 두 나라만 남았다. 오늘도 미니버스를 타고 장거리를 이동해야 한다. 나미비아 수도 빈툭까지는 약 810㎞ 정도 되고 10~11시간이 걸릴 것이라고 한다. 우리 일행은 아침 일찍 식사를 마치고 6시에 승합차 2대에 나눠 타고 출발했다. 한 시간쯤 달리다가 일출을 감상하기 위하여 도로 옆에 차를 세워놓고 사진을 촬영했다.

태양은 우리가 왔던 도로 끝부분에서 떠오르고 있었다. 지금까지 다녔던 도로의 풍경이 여기도 비슷했다. 끝없이 넓은 평원에 키 작은 나무만 있고 산도 하천도 보이지 않는다. 나무 사이로 떠오르는 태양을 감상하고 다시 출발했다. 오늘은 갈 길이 멀다.

한참을 달렸다. 그런데 뒤따라오던 우리 일행을 태운 차량이 보이지 않는다. 핸드폰 연락도 되지 않아서 무작정 기다리다가 왔던 길로 되돌아갔다. 혹시 사고라도 났으면 큰일이다. 한 시간쯤 갔을 때 도로 옆에 세워져있는 차량을 발견했다. 우리 일행이 탄 차였다. 가서 보니 타이어가 파손되어 있었다. 타이어 상태를 봤더니 완전히 닳아서 걸레처럼 찢어져 있었다. 다행히 지나가던 차량이 타이어를 제공해줘서 함께 출발했다. 아직 갈 길은 먼데 여기서 3시간 정도를 지체한 것 같다.

주유소에 들러 기름을 가득 채우고 있는데 특이한 모양의 모자를 쓰고 있는 여자를 보았다. 헤레로족이라고 한다. 특이한 점은, 삼각형으로 길쭉한 모양의 모자를 쓴다는 것이다. 이것은 소의 뿔을 형상화한 것인데 소를 키우고 소의 수가 부와 권력을 나타냈던 힘바족의 전통을 살린 것이라고 한다.

긴 시간을 달려 드디어 나미비아 국경에 도착했다. 우리는 한국 출발 전에 여행사를 통해 1인당 U$ 140의 나미비아 비자 수수료를 납부하여 사전 비자를 신청해놨기 때문에 바로 통과될 줄 알았는데 우리 일행 중 1명의 전산정보가 누락되어 있다고 한다. 우리 인솔자는 동분서주하며 여기저기 수소문하여 해결을 하고 모두 함께 출발했다.

▲ 주유소에 들려 기름을 넣던 중에 헤레로족 여인을 발견했다.

　국경 검문소에서 약 3시간을 지체하였다. 자동차 타이어 펑크로 3시간, 비자 문제로 3시간을 허비하고 숙소에 도착한 시간은 밤 10시가 넘었다. 하루를 꼬박 이동하는데 다 보냈다. 사연도 많고 고단한 하루였다.

나미비아 나우클루프

사막 위에서 야영과 캠프파이어

어제 새벽부터 밤늦게까지 이동하느라고 빈툭 시내 구경은 거의 못했지만 도로와 건물이 잘 정돈되어 있어 유럽 분위기가 났다. 아마도 독일이 오랫동안 식민 통치한 영향을 받은 것 같다.

건조한 고원지대에 위치하여 우리나라 가을 날씨처럼 기후가 매우 좋았다. 오늘은 나우클루프 국립공원으로 이동하여 사막 위에서 야영을 하고 앞으로 3일 동안 나미비아의 사막을 둘러볼 계획이다. 그동안 사진으로만 봤던 신비스러운 곳, 데드블레이를 비롯하여 듄 45 모래언덕 등 내가 꼭 가보고 싶은 곳이 있다.

숙소에서 나와 환전을 하고 나우클루프로 출발했다. 오전 11시쯤 레호보스(Rehoboth)에 있는 숍라이트(Shoprite)라는 매우 큰 규모의 쇼핑몰에 들러 생수 등 먹거리를 구입하고 출발하였다.

주위 환경은 지금까지 보았던 풍경과는 전혀 달랐다. 사방이 사막이고 듬성듬성 나무가 있었다. 길은 비포장으로 상태는 양호한데 먼지가 차 안으로 밀려 들어왔다. 차량이 노후화돼서 문틈으로 먼지가 들어왔다. 우리는 마스크를 쓰고 먼지와의 전쟁을 했다.

점심때가 되어 어느 조그만 마을에서 쉬어가기로 하고 여행사에서 준비해온 도시락을 먹었다. 혼혈로 보이는 어린이들이 맨발로 놀고 있었다. 이렇게 건조한 사막지대에서도 사람은 살고 있었다.

오후 3시 40분쯤에 우리가 야영할 캠핑장에 도착했다. 캠핑장에는 레스토랑으로 보이는 메인 건물이 있었고 광활한 사막 위에 큰 나무가 듬성듬성 있었다. 큰 나무 밑에 우리가 묵을 2인용 텐트 13개가 반원형으로 설치되어 있었다. 텐트 앞 중앙에는 수도꼭지 하나가 있었고 한쪽에는 바비큐용 석쇠가 고기를 구운 후 전혀 청소하지 않은 상태로 새까맣게 놓여 있었다. '설마 저 석쇠로 고기를 구워줄까?' 하는 우려는 현실이 되었다.

▲ 나우클루프 국립공원으로 가는 길

▲ 마을에 있는 어린이들이 우리 일행이 준 학용품에 관심을 보이고 있다.

죽기 전에 꼭 가봐야 할 곳, 아프리카

야영을 할 수 있는 장소가 군데군데 있었고 다른 여행객이 야영을 하고 있었다. 공동 화장실과 공동 샤워 시설이 구비되어 있었고 레스토랑도 있었다. 텐트 안에는 달랑 매트리스 2개만 놓여있었고 덮는 이불은 없었다. 침낭을 가져오길 잘했다는 생각이 들었다. 밤에는 매우 춥다고 들었기 때문이다.

우리 일행은 텐트 배정을 제비뽑기로 한 다음, 근처에 있는 세스림 캐니언(Sesriem Canyon)을 보러 갔다. 세스림 캐니언은 약 800만 년 전에 생긴 지형으로 길이 3㎞, 깊이 30m의 퇴적암이 빗물에 의해서 형성된 지역이다. 계곡 바닥에는 모래와 자갈이 깔려 있었고 지금은 물 한 방울도 보이지 않지만 과거에 엄청난 물이 흘러간 흔적이 보였다.

▲ 우리 일행이 묵을 야영장

▲ 야영장 주변 나무에 있는 새들의 아파트

죽기 전에 꼭 가봐야 할 곳, 아프리카

◀▲ 세스림 캐니언

해가 지기 전에 일몰을 보려고 근처 모래 산으로 갔다. 많은 여행객이 모래 산을 오르고 있었다. 오르는 일은 쉽지 않았다. 한걸음 디디면, 반걸음은 후퇴했다. 다 왔다 싶으면 또 모래언덕이 나왔다. 결국 정상까지 못 가고 해가 지고 말았다. 아래를 바라보니 가슴이 확 트이는 광활한 대지가 보였다. 물론 바닥도 사막이고 산도 사막이다.

붉은 사막의 일몰을 보고 숙소에 도착하자 현지 여행사에서 나온 두 명의 자매가 저녁을 준비하고 있었다. 현지식으로 저녁 식사를 하고 주위가 어두워지자 기온이 내려가서 추워지기 시작했다. 우리는 모닥불을 피우고 모여서 담소를 나누었다. 하늘에는 별들이 빛나고 있었고 은하수도 보였다. 나는 은하수 사진을 찍으려고 삼각대에 카메라를 장착하고 주위를 돌아다녔는데 주위에 불빛이 너무 많고 적당한 장소가 없었다. 주위에 불빛이 많으면 사진에는 별이 잘 보이지 않는다.

은하수 사진 촬영을 포기하고 모닥불 주위에 앉아 일행과 함께 맥주를 마시면서 별빛이 쏟아지고 있는 사막의 밤을 보내고 있던 중 우리 야영장으로 한국 여대생 한 명이 놀러 왔다. 혼자 아프리카를 여행 중이라고 한다.

오지라고 할 수 있는 아프리카를 여자 혼자 여행한다고 하니 정말 대단하게 보였다. 우리는 아프리카 북쪽 케냐부터 남쪽 남아프리카 공화국까지 내려가고 있는데 이 여대생은 우리와 반대로 남아 프리카 공화국에서부터 북쪽으로 올라가고 있었다. 남미 대륙도 혼자 여행을 했다고 하니 요즘 젊은이가 부럽다는 생각이 들었다.

나는 대학에 다닐 때 해외여행은 꿈도 꾸지 못 하는 일이었고 시국이 불안정하여 날마다 독재 타도 데모만 했었고 여행을 하면 국내 유명 산이나 바다에 가는 것이 고작이었다. 그렇게 좁은 세상에서 우물 안 개구리가 되어 있었다.

▲ 사막의 석양

▲ 모래언덕에서 바라본 광활한 대지

죽기 전에 꼭 가봐야 할 곳, 아프리카

모닥불 피워놓고
담소를 나누고 있는 일행들

나미비아 나우클루프*

여기가 지구 맞아? 외계 행성에 온 듯한 듄45와 데드 블레이

어제 텐트 안에서 가지고 간 침낭 속으로 들어가서 잠을 청하는데 추워서 잠을 거의 자지 못했다. 봄 가을용 얇은 침낭을 가져갔는데 여기 사막의 추위에는 역부족이었다. 새벽에 일어나 물티슈로 대충 얼굴을 닦고 일출을 보러 듄45 모래언덕으로 출발했다.

듄45라는 명칭은 공원 입구에서 45㎞ 떨어져 있어서 듄45라고 부른다고 한다. S자 모양의 능선과 명암의 대비로 사진을 찍으면 작품

---

* 나우클루프트 공원(Noukluft Park): 나미비아 남부의 대서양 연안 주변에 있는 건조 사막 지역으로 화강암 계곡으로부터 세계에서 가장 높은 모래언덕이 있다. 모래 산이 세계에서 가장 높게 쌓인 수스블레이(Sossusblei), 일출이 아름답기로 유명한 모래언덕 듄45, 외계 행성에 온 듯한 죽은 사막 데드블레이(Deadvlei)등이 이곳에 위치한다.

이 되는 곳이어서 사진작가가 많이 찾는 곳이다. 듄45 모래언덕 정상까지 올라가는 것도 만만치 않기 때문에 우리는 해뜨기 전에 가기 위해서 서둘렀다. 우리 일행을 태운 차량은 어둠을 뚫고 사막을 달리기 시작했다.

모래언덕에 도착해 보니 많은 차량이 있었고 사람들이 칼날 같은 능선의 듄45 모래언덕을 올라가고 있었다. 나는 해가 뜨기 전에 올라가야 한다는 생각으로 마음이 조급해져서 빨리 올라가려고 했지만 푹푹 빠지는 모래언덕을 올라 가는 것은 쉽지 않았다. 조금만 발을 헛디디면 가파른 경사면을 타고 바닥으로 미끄러질 것 같았다. 저 바닥으로 미끄러지면 다시 올라온다는 것은 힘들 것 같았다.

신발 속과 양말 속까지 파고드는 모래를 느끼면서 가쁜 숨을 몰아쉬며 모래언덕 정상에 올라가서 보니 어둠이 서서히 물러가고 밝아지기 시작하였다. 그러나 동쪽 하늘에 구름이 옅게 끼어 있었고 비가 올 듯한 분위기가 느껴졌다. 주위에는 넓은 평원 옆으로 산처럼 보이는 붉은 모래언덕이 끝없이 펼쳐져 있었다.

구름이 걷히기를 바라면서 계속 동쪽을 바라보고 있었다. 그러나 일출 시간이 한참 지났는데도 태양은 보이지 않았다. '언제 또 여기를 와볼 것인가?' 하는 생각에 아쉬운 마음이 들었지만 주위 풍경은 어디에서도 볼 수 없는 신비스럽고 경이로운 풍경을 보여 주었다. 모래가 붉은색을 띠는 이유는 모래에 철분 성분이 많이 포함되어 있기 때문이라고 한다.

▲ 붉은 모래언덕

이곳은

난생처음 보는

그 어떤 말로도 표현을 할 수 없는 태고의 모습

생명이 탄생하기 전에 세상이 만들어졌듯이

언어 이전의 세상

나는 할 말을 잃었다.

그저 바라만 볼 뿐

듄45에서 내려와 그 밑에서 간단하게 아침을 먹었다. 주위에는 죽은 고목이 모래 속에 박혀 있었다. 옛날에는 이곳에도 물이 흘렀다는 증거이다.

다음 목적지는 '여기서 19㎞ 떨어진 죽음의 호수'라는 데드블레이 (Deadvlei)이다. 사진으로 많이 봤던 곳이고 꼭 한번 가고 싶었던 장소이다. 사진작가가 많이 찾는 곳이다. 그만큼 특이한 지형과 고목이 대비가 되면서 찍으면 작품이 되는 곳이다.

우리 일행은 가는 중간에 사막을 달릴 수 있는 4륜 지프 차량으로 갈아탔다. 공원 관리소 측에서 서틀버스처럼 여행객을 쉴 새 없이 실어 나르고 있었다. 지프 차량은 모래 속을 헤치며 데드블레이 입구에 도착했다. 많은 사람이 데드블레이 쪽으로 걸어가고 있었다.

15분 정도 걸어가자 모래 산에 둘러싸여 있는 데드블레이가 나왔다. 먼 과거에 주변 강이 이곳을 지나 바다로 흘러갔는데 대서양에서 불어오는 모래바람이 출구를 막아 호수가 됐고 호수의 물이 말라버려서 이런 지형이 됐다고 한다.

◀▲ 듄45 정상에서 바라본 풍경

　생각보다 호수의 면적이 커서 놀랐다. 축구장 수십 개를 모아놓은 규모이다. 붉은 모래 산으로 둘러싸여 있는 호수 바닥은 하얀 진흙이 굳어서 거북 등처럼 갈라져 있었고 매우 단단했다. 상당히 큰 나무가 검게 그을려서 박제가 되어 있었다.

　이렇게 아름다운 죽음도 있을까? 약 900년 동안 썩지도 않고 그 형체가 보존되고 있다고 한다. 너무 건조해서 썩을 수도 없다. 모든 생명체는 죽고 썩어서 흙으로 돌아간다는 만고의 진리를 거부하고 있는 걸까? 그러나 오랜 시간이 흐르면 이 나무도 결국 바람에 스러질 것이다. 그리고 먼지가 되어 사라질 것이다.

　이곳은 절제된 아름다움과 세월의 흔적이 있었고 단순미의 극치를 보여 주었다. BBC가 선정한 죽기 전에 꼭 가봐야 할 곳 100선에 선정되기도 했다. 붉은 사막 산에 둘러싸인 하얀 호수 바닥이 검은 고목과 대비되면서 비현실적인 풍경을 연출하고 있는 모습이 많은 사진작가가 이곳을 찾는 이유이다.

▲ 데드블레이

죽기 전에 꼭 가봐야 할 곳, 아프리카

하얀 진흙 바닥

붉은 모래 산

그리고 죽은 나무

이것 외에는 아무것도 없다.

나무는 먼 옛날 죽었지만 죽지 않았다.

예술 작품으로 승화하여

꿋꿋이 자리를 지키고 있다.

사라진 물이여 제발 다시 돌아오기를

처절한 몸짓으로 절규하는 나무

모래산은 알고 있다.

아주 먼 옛날

수정 같은 생명수가 흐르고

헤엄치며 놀던 물고기들과

푸른 잎이 춤추는 나무를

약 2시간 동안 데드블레이를 구경하고 캠핑장으로 돌아왔다. 현지 여행사의 요리사 자매가 점심을 준비하고 있었다. 메뉴는 아프리카 스파게티다. 생각보다 먹을 만했다.

텐트를 접고 차량에 캐리어를 싣고 나니 오후 2시가 넘었다. 우리 길잡이 티거는 오늘 최종 목적지인 스와콥문트까지 약 4~5시간이 걸린다고 한다. 가는 도로는 포장이 되어 있으나 모래가 도로를 덮어 비포장이나 다름없다고 하면서 마스크 착용을 당부하였다.

출발하자마자 역시 모래먼지가 차 안으로 들어왔다. 육로 이동은 오늘이 마지막이다. 중간에 솔리테어(Solitaire)라는 마을에 들러서 휴식 시간을 가졌다. 휴게소 앞에는 트럭킹을 하는 트럭이 주차하고

▲ 듄45 아래에 있는 고목

있었다. 트럭킹 여행은 버스처럼 개조한 트럭을 타고 처음부터 마지막까지 국경을 넘으면서 다니는 여행이다.

휴식을 마치고 다시 출발한 우리 차량은 어떤 간판 앞에서 멈췄다. 현지 기사 겸 가이드가 여기가 남회귀선(Tropic of Capricon)이라고 하면서 안내 간판을 보여 주었다. 태양이 가장 뜨겁게 내리쬔다는 곳이다. 헨리 밀러의 소설 『북회귀선』, 『남회귀선』이 생각났다.

우리는 기념사진을 찍고 출발하여 산악지대로 들어갔다. 주변 산은 돌무더기와 듬성듬성 난 풀밖에 없는 황량한 산이었다. 어느 외계 행성에 온 것 같다는 생각이 들었다.

▲ 데드블레이 입구에서 본 전경

▲ 트럭킹, 트럭을 타고 처음부터 끝까지 각 나라를 이동하면서 여행을 한다고 한다.

▲ 남회귀선 표지판(남위 23° 27')

▲ 휴게소 옆 창고 파손된 자동차 휠을 탑처럼 쌓아 놓았다.

▲ 휴게소 앞 전경

▲ 풍화되고 있는 돌과 바위 그리고 마른 풀밖에 없는 산

또 한참을 달리다가 벌판에 외롭게 서 있는 마치 바오바브나무처럼 특이하게 생긴 나무 옆에 차를 세우고 잠시 휴식을 취했다. 퀴버 나무라고 현지 가이드가 말했다. "퀴버 나무(Quiver tree)는 알로에의 일종으로 싹을 틔우고 20~30년 후에는 꽃이 피는데 수명이 300년에 달한다고 하고, 그 비결은 몸 안에 물을 저장하는 탱크를 가졌기 때문"이라고 한다.

나무속이 스펀지처럼 부드러워 부시맨들이 화살 통을 만드는 데 사용했다고 한다. 1955년 나미비아 국가 천연기념물로 지정된 퀴버 나무는 아프리카 말로 '코크붐 나무(Kokerboom tree)'라고도 부른다고 현지 가이드가 설명을 하였다.

▲ 황량한 벌판에 외롭게 서 있는 퀴버 나무

어느덧 해는 지평선 너머로 지고 있었다. 오후 8시쯤 스와콥문트 숙소에 도착했다.

▲ 지평선 너머로 태양이 지고 있다.

죽기 전에 꼭 가봐야 할 곳, 아프리카

나미비아 스와콥문트

모래언덕과 대서양의 만남 샌드위치 하버

스와콥문트(Swakupmund)는 마치 독일의 작은 도시를 통째로 옮겨놓은 듯한 모습이다. 1883년부터 1915년까지 독일의 식민 지배를 받았던 흔적들이 시내 곳곳에 묻어있다. 스와콥문트는 도시 자체가 대서양을 따라 만들어진 해변 휴양 도시이다. 앤젤리나 졸리와 브래드 피트 커플이 출산을 위해 찾았던 도시이기도 하다.

오늘 일정은 자유일정으로 스카이다이빙, 샌드보드, 4륜 오토바이 타기, MTB 타고 해안가 돌아다니기, 대서양의 돌핀 크루즈, 샌드위치 하버 가기 등 각자 취향에 맞는 상품을 선택하여 즐기는 날이다.

나는 일행 3명과 함께 샌드위치 하버 투어(100$)를 신청하고 12시 30분에 출발했다. 호텔에 도착한 픽업 차량을 타고 1시간쯤 가다가 월비스베이 라군(Walvis Bay Lagoon)이라는 람사르 습지로 지정된 플라밍고 집단 서식지를 방문했다. 도로 바로 옆 해안가로 가자 셀 수없이 많은 플라밍고가 모여 있었다. 약 25만 마리나 된다고 한다. 이렇게 많은 플라밍고는 난생처음 본다. 장관이었다. 도로 바로 옆에 이런 대규모 서식지가 있다는 것이 놀라웠다.

▲ 분홍빛 플라밍고

▲▼ 엄청난 수의 플라밍고 무리

플라밍고를 원 없이 보고 조금 더 달리자 염전이 나왔다. 그런데 염전에 있는 물 색깔이 핑크빛이다. 염전에 있는 박테리아나 플랑크톤의 색깔이 보라색이어서 저런 색깔이 나고 그 플랑크톤을 먹은 플라밍고도 핑크색이 난다고 현지 가이드가 말했다.

핑크빛 염전을 지나 우리를 태운 사륜구동 지프차는 해변을 달렸다. 끝도 없이 펼쳐진 해변이 경계가 모호했다. 어디까지가 해변인지 가늠조차 되지 않은 광활한 곳이다. 바다 반대편은 전부 사막이다. 이러한 해안선의 길이가 무려 2,000㎞나 된다고 한다. 잠시 후 대규모 가마우지 떼가 나타났다. 워낙 수가 많아서 해변에 서 있는 모습이 장관이었다.

우리는 현지 여행사에서 준비한 음식으로 점심 식사를 하기 위해 해변에 차를 세우고 식사를 했다. 각종 해산물과 튀김, 샴페인 등이 나왔는데 먹을 만했다.

▲ 해변에서 점심식사를 하고 있는 우리 일행

▲ 염전과 소금창고

▲ 보라색의 염전

▲▼ 가마우지 무리

죽기 전에 꼭 가봐야 할 곳, 아프리카

식사를 마치고 샌드위치 하버에 도착하여 모래언덕으로 올라갔다. 황금빛의 모래의 세상이었다. 모래언덕 밑에는 대서양의 바다가 펼쳐져 있었고 파도가 끊임없이 다가오고 있었다.

나는 너무나 비현실적이고 이질적인 풍경에 넋을 잃고 바라보았다. 우리가 탄 4륜 지프차는 모래언덕을 올라갔다 내려갔다 하면서 바람이 만들어 놓은 자연의 예술 작품을 감상하였다.

사막을 달리던 중 우리 차가 모래에 빠져서 움직이지 않고 계속 헛바퀴만 돌고 있었다. 마침 근처에 있던 다른 차량 기사가 오더니 타이어 바람을 빼라고 우리 차량 기사에게 이야기하였다. 타이어의 바람을 조금 빼자 차가 움직이기 시작했다. 우리 차량 기사는 아직 경험이 부족한 것 같았다.

샌드위치 하버(Sandwich Habour)는 과거 고래잡이를 했던 상업 항구로 이곳을 제일 먼저 발견하게 된 영국 선박 이름이 '샌드위치' 여서 이 주변을 '샌드위치 하버'하고 이름을 붙이게 되었다고 한다. 지금은 철새 서식지로 보호되고 있으며 '새들의 천국'이라 불린다.

▲ 바다 옆 모래언덕

▲ 모래언덕과 대서양의 만남

▲▼ 바람이 만든 자연의 예술품

바람이 만든 모래 병풍

▲ 모래언덕의 아름다운 곡선

▲ 바람이 만든 사막의 예술품

▲ 칼날 같은 능선과 부드러운 곡선

▲ 빗살무늬 모래언덕과 대서양

아무 생명체도 없을 것 같았던 사막에서 타조 한 마리가 걸어오고 있었다. 모래밖에 없는 이곳에서 무엇을 먹고 살아갈까? 타조가 인근 바다에서 고기를 잡을 수도 없는데 신기하여 계속 바라보니까 바닷가 옆으로 가더니 해초를 뜯어 먹고 있었다.

▲ 타조 한 마리가 걸어가고 있다. 여기에도 생명은 있다.

PART 7

남아프리카
공화국

남아프리카 공화국

국가명: 남아프리카공화국(Republic of South Africa)

수도(3): 행정(Pretoria), 입법(Cape Town), 사법(Bloemfontein)

인구: 5,671만 명('18, 남아프리카 공화국 통계청)

면적: 122만㎢(한반도의 5.5배)

민족구성: 흑인(80.2%), 백인(8.4%), 혼혈인(8.8%), 아시아계(2.5%) ('17 잠정, CIA)

종교: 기독교(대부분)

국경일: 4.27.(1994 민주정부 수립 기념일)

언어: 영어, 아프리칸스어, 줄루어 등 11개 공용어

출처: 외교부(2019.10.28.)

남아프리카 공화국 케이프타운

아프리카 속의 유럽, 케이프타운*

이제 외계 행성 같았던 나미비아를 떠날 때가 됐다. 오늘은 월비스 베이(Walvis Bay) 공항을 출발하여 남아프리카 공화국 케이프타운(Cape Town)으로 이동한다. 공항으로 가는 중간에 내가 어제 봤던 웰비스 베이 라군의 플라밍고 서식지를 보고 가겠다고 우리 길잡이가 이야기했다. 우리 일행 대부분은 어제 다른 여행 상품을 선택해서 플라밍고를 보지 못했다.

---

* 케이프타운(Cape Town): 남아프리카 공화국의 입법 수도이다. 도시의 배후에 테이블 마운틴이, 부근에 희망봉이 있다. 수에즈 운하가 개통되기 전에는 유럽에서 아시아로 가는 항로의 주요 거점이었다.

수많은 플라밍고를 보고 월비스 베이 공항으로 갔다. 출국심사를 마치고 오후 3시 45분에 에어 나미비아(Air Namibia) SW715 편을 타고 이륙하였다. 남아프리카 공화국 케이프타운 공항에 2시간 정도 비행하여 오후 6시경에 도착하였다. 케이프타운 공항은 월드컵 경기를 치러서인지 현대적인 시설로 제법 규모가 컸다.

▲▼ 플라밍고 무리

숙소로 이동할 때는 주변이 어두워지기 시작했다. 시내에 들어서자 앞에 거대한 테이블 마운틴이 보였다. 해가 지면서 붉은 저녁노을이 테이블 마운틴을 배경으로 물들고 있었다. 환상적인 장면에 나는 사진을 찍고 싶었지만 차를 세울 장소도 없었다. 다행히 앞자리에 앉은 덕분에 달리는 차 안에서 사진을 찍었다. 이때까지만 해도 다음 날 테이블 마운틴에서 일어난 끔찍한 일을 상상도 못 했다.

우리 일행이 묵을 숙소인 시티 로지 호텔(City Lodge Hotel)에 저녁 7시경에 도착하여 방 배정을 받았다. 우리 길잡이는 카톡 공유방에 우리나라 외교부에서 통보한 메시지를 전달했는데 그 내용은 넬슨 만델라 호텔에서 총격 사건이 일어났다고 하며 한국 여행객은 조심하라는 내용이었다. 여행안내서에도 케이프타운에서는 늦은 오후에는 외출을 삼가라고 언급되어 있었다.

숙소로 오는 중에 차창으로 보이는 케이프타운 시내는 '여기가 아프리카가 맞나?' 하는 생각이 들 정도로 시내가 잘 정비되어 있었고 현대적인 건물과 차량이 유럽의 어느 도시에 있는 느낌이 들게 했다.

내일은 테이블 마운틴에 올라가는 날인데 케이블카는 정기점검 기간이어서 운행을 하지 않는다고 우리 길잡이가 말했다. 걸어서 올라가면 2시간이 걸린다고 한다. 여기까지 왔는데 걸어서라도 꼭 올라가고 싶었다. 일기예보에는 내일 흐리고 비가 온다고 한다. 일단 내일 아침에 날씨를 보고 올라갈지 말지 판단하기로 하고 호텔에서 저녁을 먹고 휴식을 취했다.

숙소로 가는 길에
테이블 마운틴 뒤로
환상적인 붉은 노을이 지고 있다.

죽기 전에 꼭 가봐야 할 곳, 아프리카

죽을 고비를 넘긴 테이블 마운틴

아침에 일어나 보니 날씨는 흐리지만 비는 오지 않았다. 호텔에 있는 관광안내소에 물어보니 테이블 마운틴에 걸어서 올라갈 수 있다고 한다.

우리 일행 중 8명은 올라가기로 하고 택시를 타고 등산로 입구까지 갔다. 하늘에는 먹구름이 잔뜩 끼어있어서 금방이라도 비가 올 것 같았다. 여기까지 왔는데 테이블 마운틴을 못 올라간다면 너무 서운할 것 같아서 끝까지 가기로 하고 오르기 시작했다. 등산로 옆에는 이름 모를 야생화가 많이 피어 있었다. 등산로는 잘 정비되어 있었고 우리나라처럼 계단이나 난간 등 인위적인 시설물은 전혀 없었다.

30분쯤 오르자 구름이 몰려와 산을 덮었다. 빗방울도 떨어지기 시작했다. 날씨가 심상치 않자 일행 중 4명이 등산을 포기하고 내려갔다. 구름은 더 많아지고 주위가 아무것도 안 보였다. 빗방울은 점점 강해지고 바람도 많이 불기 시작했다.

그래도 여기까지 왔는데 정상은 밟아보고 가야지 하면서 나머지 우리 일행 4명은 비를 맞고 계속 올라갔다. 마침내 정상에 다다랐다. 바람이 몸을 가누기 힘들 정도로 엄청나게 불었다. 비는 폭풍우가 되어 눈을 뜨지 못할 정도로 뺨을 세차게 때리고 있었다. 온몸이 다 젖고 추위에 발이 얼어서 감각이 없어졌다. 아프리카에 와서 지금까지 비는 한 방울도 안 맞았는데 그동안 오지 않던 비가 한꺼번에 쏟아지는 것 같았다.

우선 대피할 장소가 필요했다. 정상은 평평한 지역이고 관광지니까 휴게소 등이 있을지도 몰라서 나는 일행을 정상 입구에 대기 시켜놓고 정상에 올라가서 찾아보았다. 정상에는 비바람이 더 거세게 불었다. 먼 곳에 희미하게 건물 같은 것이 보였다.

비바람 때문에 몸을 잔뜩 웅크리고 죽을힘을 다해 걸어가서 보니 돌탑이었다. 테이블처럼 평평한 정상부의 길이도 3㎞가 넘는다. 짙은 안개 때문에 시야도 흐리고 대피할 장소를 찾을 수가 없었다.

추위에 다리가 마비되어 잘 움직여지지 않았다. 신발을 벗어 물에 젖은 양말을 짜고 감각이 없는 발을 마사지했더니 좀 나았다. 더 이상 여기 있다가는 저체온증으로 위험할 것 같다는 생각이 들었다. 몸은 떨리고 움직이지 않으면 얼어 죽을 것만 같았다. 완전히 젖은 몸으로 겨우 발걸음을 한발 한발 옮겨 내려갔다. 정상 밑에서 대기하고 있던 일행은 내려갔는지 보이지 않았다. 길은 미끄럽고 발은 잘 움직이지 않았다. 사력을 다해 겨우 등산로 입구까지 내려왔더니 먼저 내려간 일행이 기다리고 있었다.

빨리 숙소로 가서 쉬고 싶었다. 지나가는 버스 기사에게 택시를 불러달라고 해서 숙소에 도착했다. 이제 살았다는 안도감과 함께 피로감이 몰려왔다. 케이프타운의 상징인 테이블 마운틴은 악천후로 인하여 죽을 고비를 넘기고 그렇게 막을 내리고 말았다.

▲ 비바람 몰아치는 테이블 마운틴 정상

▲ 테이블 마운틴 등산 중 바라본 케이프타운 시내 모습 먹구름이 잔뜩 끼었다.

▲ 테이블 마운틴의 야생화

▲ 워터프론트에서 바라본 테이블 마운틴

죽기 전에 꼭 가봐야 할 곳, 아프리카

인도양과 대서양이 만나는 희망봉

어제 악몽과도 같은 테이블 마운틴에서 카메라가 비에 젖어 장렬히 전사하고 말았다. 다행히 서브 카메라는 숙소에 놔두고 산에 올랐기 때문에 앞으로 남은 일정은 서브 카메라로 찍어야 한다.

이곳 호텔은 지금까지 묵었던 숙소 중에 가장 고급이었다. 여행사 측에서 아프리카 여행의 마지막 숙소인 만큼 특별히 신경을 쓴 것 같다. 호텔 조식도 맛있어서 우리 일행은 모두 만족해했다.

오늘은 일행 모두가 희망봉 투어 상품을 선택해서 현지 여행사의 버스를 타고 출발했다. 오늘이 이번 아프리카 여행의 마지막 날이다. 내일부터는 귀국길에 오른다. 우리 일행은 희망봉으로 가기 위해 케이프타운의 아름다운 해안선을 달리다가 캠프스베이(Camps Bay) 비치라고 하는 곳에 들러서 사진을 찍고 주변 경치를 감상했다. 주위에는 테이블 마운틴과 열두 사도 바위가 파노라마처럼 펼쳐져 있었다.

이곳은 남아프리카 공화국에서 부자가 사는 곳으로 알려져 있고 남아프리카 공화국에서 보석 광산을 소유했던 사람과 할리우드 유명 배우가 소유한 별장촌이 있다고 한다. 기후가 온화하고 활처럼 휘어진 모래사장이 매우 아름다워서 휴양지로 주목을 받아 세계의 부호가 앞다투어 별장을 짓고 주택을 매입하는 유명한 해변 마을이라고 현지 가이드가 설명하였다.

▲ 캠프스베이 비치, 뒤에 보이는 산이 열두 사도 바위이다.

민주화 이전 아파르트헤이트(인종분리정책) 시절엔 백인만의 전용지역으로 흑인은 거주가 제한되었으나 지금은 돈 많은 흑인도 많이 살고 있다고 한다 주택 가격은 상상을 추월하여 한화로 약 40~50억을 호가한다고 하며 그것도 매물이 없어 부르는 게 값이라고 한다.

캠프스베이에서 잠시 휴식을 취하고 후트베이 하버(Hout Bay Harbor)에 도착했다. 여기는 물개 서식지인 두이커섬(Duiker Island)으로 가는 유람선을 타는 곳이다. 부둣가에 물개 한 마리가 올라와서 놀고 있었다. 부둣가 옆에도 물개들이 헤엄을 치며 물고기를 잡아먹고 있었다.

일행 중 일부는 물개섬으로 가는 유람선을 타고 출발했는데 30분도 안 돼서 돌아왔다. 파도가 높아서 포기하고 중간에 돌아왔다고 한다.

우리는 후트베이 하버를 출발하여 경치가 아름답기로 유명한 채프만스 피크 드라이브(Chapmans Peak Drive) 도로를 타고 가다가 중간에 전망대에 내려 앞에 보이는 후트베이(Hout Bay)의 전경을 감상했다.

▲ 후트베이 하버에 올라와
있는 물개

◀ 주인으로 보이는 남자에게
물개가 먹이를 달라고 애원
하고 있다.

▲ 채프만스 피크 드라이브 전망대

죽기 전에 꼭 가봐야 할 곳, 아프리카

후트베이와 마을이 보인다.

이제 우리는 아프리카에서 유일하게 펭귄 서식지가 있는 보울더스 비치(Boulders Beach)에 도착했다.

이곳에 사는 펭귄은 자카스 펭귄이라고 하며 열대 해류에서 서식하는 몸집이 작은 펭귄이다. 주차장에 차를 대고 해안가로 나갔더니 펭귄이 보이지 않았다.

사진에서 봤던 그 많은 펭귄은 다 어디로 갔을까? 알고 봤더니 건너편에 입장료를 받고 있는 게이트가 보였다. 펭귄을 한쪽으로 몰아넣고 입장료를 받고 있다는 생각이 들었고 입장료가 비싸서 들어가지 않고 근처 해안가를 둘러보았다. 근처에서 펭귄 4마리가 보였다. 일렬로 서서 해안가를 걸어가는 모습이 신기하고 귀여웠다.

▲ 보울더스 비치

▲ 보울더스 비치 앞에 보이는 직사각형 바위

▶ 펭귄이 나타났다.

▲ 걸어가고 있는 펭귄들

펭귄을 구경하고 우리는 점심 식사를 하기 위해 시몬스타운 (Simon's Town)으로 이동했다. 남아프리카 공화국의 해군기지가 있는 마을이라고 한다. 조그만 마을인데 관광객들을 위한 기념품 가게와 식당, 커피 전문점 등이 있는 조용한 마을이었다.

점심을 먹고 오늘의 최종 목적지인 희망봉으로 출발했다. 입구 매표소에는 수많은 차량이 줄을 서서 기다리고 있었다. 한참을 기다린 후 게이트를 통과하여 희망봉(Cape of Good Hope)*에 도착했다. 대서양과 인도양이 만나는 곳이고 바닷가 바로 옆에 표지판이 세워져 있었다. 표지판 옆에는 많은 관광객이 사진을 찍기 위해 줄을 서서 대기하고 있었다.

바다는 파도가 거세게 일고 있었고 일부 관광객은 산 위 정상에 있는 케이프 포인트로 가기 위해 걸어가고 있었다. 능선을 따라 걸어가면 케이프 포인트 등대까지 약 1.5㎞를 올라가야 되고 차량을 이용하면 도로를 따라 돌아서 케이프 포인트 아래 주차장으로 바로 갈 수 있다.

우리는 차량으로 케이프 포인트 주차장으로 이동했다. 산 정상에는 등대가 있었는데 걸어 올라가는 길과 탑승료를 지불하고 모노레일을 타고 올라가는 방법이 있었다. 나는 걸어서 올라갔다. 약 20분쯤 올라갔더니 정상에 있는 등대가 나왔다.

---

* 아프리카 대륙 최남단의 아굴라스곶의 북서쪽에 있다. 케이프타운에 가까운 케이프반도 맨 끝이다.

▲ 시몬스타운

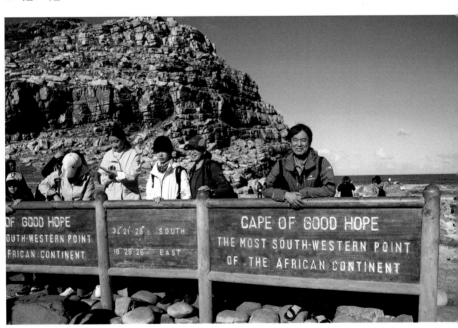

▲ 희망봉 표지판에서

▲ 케이프 포인트의 등대

죽기 전에 꼭 가봐야 할 곳, 아프리카

▲ 케이프 포인트 정상에서 바라본 희망봉의 모습

케이프 포인트로 올라가는 길옆에는 개코원숭이들이 지나가는 관광객들의 음식물을 노리고 있었다. 특히 노약자가 공격 대상이라고 한다. 나는 내려가면서 외국인 여자 관광객이 먹고 있는 빵을 가로채 가는 것을 목격했다. 너무 순식간에 일어난 일이라 그 여자 관광객도 어이가 없는 듯 웃고 있었다.

오후 5시쯤 우리 일행은 케이프타운으로 돌아가기 위해 차량에 탑승했다. 케이프타운 숙소에 도착한 시간은 오후 6시 30분이었다. 내일은 케이프타운 공항에서 에티오피아 아디스아바바 공항으로 이동한 후 환승하여 방콕으로 간다. 방콕 공항에서는 12시간을 대기했다가 아시아나 항공기 편으로 인천으로 귀국할 예정이다. 장장 3일이 걸리는 여정이다.

▲ 호텔 레스토랑에서 주문한 돼지갈비

▲ 3일간 묵었던 케이프타운의 시티 로지 호텔

▲ 워터프론트에 있는 시계탑

죽기 전에 꼭 가봐야 할 곳, 아프리카

▲ 워터프론트에 있는 테이블 마운틴 카메라 뷰 포인트

▲ 워터프론트의 부둣가

소중한 추억을 가슴에 안고 귀국길에

우리 길잡이 겸 인솔자는 오전 11시에 공항으로 출발한다고 카톡방에 공지하였다. 약 2시간 정도 시간 여유가 있어서 일행과 함께 숙소 옆에 있는 대형 쇼핑몰에 가서 선물용으로 커피를 샀다. 아프리카에 있는 동안 제일 많이 먹은 음료는 커피였다. 어디를 가나 커피는 맛있었다.

우리 일행은 케이프타운 공항에서 현지 시간으로 오후 2시 45분에 출발하여 6시간 30분을 날아 아디스아바바 공항에 현지 시간으로 밤 10시 10분에 도착했다. 23시 55분에 출발 예정이었던 비행기는 지연이 되어 다음날 새벽 2시 10분에 방콕으로 이륙했다. 8시간 30분을 비행한 후 방콕 공항에 오후 2시 40분에 도착했다. 방콕 공항에서 10시간 30분을 대기하면서 발 마사지도 받고 쇼핑도 하면서 시간을 보냈다.

다음날 새벽 현지 시간 오전 1시 10분에 출발한 인천행 아시아나 비행기는 5시간 30분을 비행하여 오전 8시 40분에 인천 공항에 도착하였다. 귀국하는 데 3일이나 걸린 셈이다. 이로써 장장 28일간의 아프리카 여행을 마무리하였다.

에필로그

　우리는 왜 여행을 떠날까?

　많은 이유가 있겠지만 나는 여행이야말로 현재를 즐길 수 있는 최고의 수단이기 때문이라고 생각한다. 동서고금을 통하여 많은 성인들은 행복해지기 위해서는 지금 이 순간을 즐기라고 말해왔다. 여행을 하면서 과거의 일로 속상해하고 미래를 생각하며 고민하는 사람은 없을 것이다. 여행은 현재 진행형이다.

　여행을 하는 순간은 지루하고 반복적인 일상에서 벗어날 뿐만 아니라 한 번도 보지 못한 새로운 풍경을 보고 놀라움과 감동을 받는다. 현지인의 삶과 문화를 접하면서 나의 삶을 돌아보게 만든다. 경이로운 장면을 보고 지금 내가 살아 있음에 감사함을 느낀다. 이번 아프리카 여행은 나에게 잊을 수 없는 추억과 대자연에 대한 경이로움을 느낄 수 있었고 아직 아프리카를 가지 않은 사람에게 꼭 가보라고 권유하는 여행이 되었다.

　아프리카는 매우 위험한 곳이 아니였다. 아프리카에 대한 부정적인 이미지(내전, 불안한 치안, 에이즈, 말라리아, 황열병 등) 때문에 위험한 지역이라고 많은 사람이 생각하는데 몇몇 지역을 제외하면 생각만큼 위험하지 않다. 아프리카 사람은 대부분 순박하고 친절하였다.

아프리카는 매우 덥지 않았다. 이번 아프리카 여행에서 더위를 한 번도 느껴 본 적이 없다. 아프리카에서는 내가 갔던 7, 8월이 겨울철인 점도 있지만 대부분의 도시가 해발 1,000m 이상이어서 우리나라 가을 날씨 같았다. 아침에는 쌀쌀하여 겨울옷을 입고 다녔다. 사막에서는 추위에 떨면서 자야 했다.

여행 중 제일 힘들었던 것은 현지 도로 사정이 좋지 않아 육로로 이동 시 8~10시간이 소요되는 곳이 많고 차량도 낡아서 불편한 점이 많았다. 장거리 이동은 되도록이면 항공 이동을 추천한다. 대부분의 나라가 우리나라 60년대 후반에서 70년대 수준 정도 되었고 인터넷이 숙소 외에는 거의 되지 않았다.

음식은 먹을 만했고 특별히 우리 입맛에 맞지 않는 음식은 거의 없었다. 아프리카 사람이 많이 마시는 음료는 환타, 콜라, 커피다. 커피는 값도 저렴하고 맛이 좋아서 귀국하기 전에 선물용으로 사 왔는데 모든 사람이 좋아했다.

가장 기억에 남는 것은 케냐의 마사이마라 국립공원에서 수많은 동물을 직접 가까이서 본 것이다. 지금까지는 TV와 동물원에서 사육되고 있는 동물만 보았고 야생에서 살아가는 동물의 약육강식의 현장을 직접 보는 건 처음이었다. 지구는 우리 인간만의 것이 아니고 수많은 동물과 함께 살아가는 땅이고 우리는 그들을 소중히 보호해야 한다는 생각이 절로 들었다.

탄자니아의 잔지바르섬에서는 지상 최고의 해변 능귀 해변의 투명한 물과 옥빛 바다색에 매료되었고 과거 노예무역의 전초기지인 스톤타운의 역사 유적지에서는 아무 죄도 없이 노예로 팔려나간 아프리카 사람의 눈물을 느낄 수 있었다.

▲ 능귀 해변

잠비아와 짐바브웨에 있는 빅토리아 폭포를 보고 자연의 경이로움에 전율했고 내가 지금 살아서 이 놀라운 풍경을 보고 있다는 사실에 행복했다. 보츠와나의 지상 최대의 삼각주인 오카방고 델타에서 악어가 죽은 하마를 뜯어먹고 있는 현장과 아기 코끼리를 포함한 코끼리 수십 마리가 강을 건너는 장면이 인상 깊었다.

▲ 빅토리아 폭포

나미비아의 붉은 사막에서 추위에 떨며 야영하고 쏟아지는 별을 보면서 캠프파이어를 했던 기억이 추억이 되어 생생하다. 이른 새벽 사막의 일출을 보기 위해 듄45 모래언덕에 올라 천지창조와 같은 신세계를 보고 원초적인 아름다움에 할 말을 잃었다.

▲ 듄45 정상에서 바라본 풍경

호수가 말라붙어 죽은 고목이 서 있는 데드블레이에서 마치 그림을 보는 듯한 비현실적인 풍경을 보고 자연 그대로의 아름다움에 넋을 잃었다.

240

▲ 데드블레이

　바다와 사막이 붙어있는 샌드위치 해변에 가서 지프차를 타고 황금빛 모래언덕을 오르락내리락 거리며 바람이 만든 사막의 조각품을 보고 감탄하였다.

▲ 바람이 만든 사막 조각품

남아프리카 공화국의 케이프타운에 가서는 아프리카 속의 유럽에 온 듯한 아프리카의 또 다른 모습을 보았고 테이블 마운틴에 올라가 폭풍우를 만나서 조난을 당할 뻔한 기억은 영원히 잊히지 않을 것 같다.

아프리카를 여행하는 동안 부족한 정보와 지식으로 인해 궁금한 점이 한두 가지가 아니었다. 이 책은 앞으로 아프리카 여행을 준비하는 사람에게 현지의 느낌을 보고 느낀 대로 기술하여 참고 자료로 활용할 수 있게끔 하려는 목적으로 쓰였다. 또한 아프리카 여행을 다녀온 사람은 다시 한번 추억을 떠올려 보고 미처 몰랐던 부분을 아는 기회가 될 수 있을 것이다. 필자도 책을 쓰면서 수많은 자료을 찾아보고 다시 한번 여행을 하는 느낌을 받았다.

아프리카는 편하고 안락한 여행지는 아니다. 그러나 세계에서 가장 큰 대륙으로 대자연 속에 살아가는 수많은 동물이 있고 자연의 경이로움과 신비스러움을 느낄 수 있는 곳이 너무나 많다.

죽기 전에
꼭 가봐야 할 곳이
아프리카이다.